青少年
自闭症指南

AUTISM AND
YOUR TEEN

[美] 布莱斯·格罗斯伯格 著

黄书君 译

中国友谊出版公司

图书在版编目（CIP）数据

青少年自闭症指南 /（美）布莱斯·格罗斯伯格著；黄书君译. -- 北京：中国友谊出版公司，2024.7
ISBN 978-7-5057-5849-0

Ⅰ.①青… Ⅱ.①布… ②黄… Ⅲ.①孤独症—青少年教育—特殊教育—指南 Ⅳ.①G766-62

中国国家版本馆CIP数据核字(2024)第067594号

著作权合同登记号 图字：01-2024-2328

Copyright 2024 by the Beijing Creative Art Times International Culture Communication Company
This Work was originally published in English under the title of: Autism and Your Teen: Tips and Strategies for the Journey to Adulthood as publication of the American Psychological Association in the United States of America.
Copyright © 2018 by the American Psychological Association (APA). The Work has been translated and republished in the Chinese Simplified Characters language by permission of the APA. This translation cannot be republished or reproduced by any third party in any form without express written permission of the APA. No part of this publication may be reproduced or distributed in any form or by any means or stored in any database or retrieval system without prior permission of the APA.
本书中文简体版专有版权经由中华版权代理有限公司授予北京创美时代国际文化传播有限公司。

书名	青少年自闭症指南
作者	[美]布莱斯·格罗斯伯格
译者	黄书君
出版	中国友谊出版公司
发行	中国友谊出版公司
经销	新华书店
印刷	天津丰富彩艺印刷有限公司
规格	787毫米×1092毫米 32开 6.25印张 75千字
版次	2024年7月第1版
印次	2024年7月第1次印刷
书号	ISBN 978-7-5057-5849-0
定价	49.80元
地址	北京市朝阳区西坝河南里17号楼
邮编	100028
电话	(010) 64678009

如发现图书质量问题，可联系调换。质量投诉电话：(010)59799930-601

目录
CONTENTS

第一章　给自闭症谱系青少年家长的 7 条忠告　　001

第二章　当自闭症遇上青春期　　017

第三章　初高中非正式课程导航　　045

第四章　自闭症的一剂良药——正确社交　　077

第五章　为孩子寻找医疗保健服务　　099

第六章　性教育、安全和自我照顾　　123

第七章　自闭症患者的成年世界　　153

第八章　自闭症谱系青少年父母的自我修养　　175

AUTISM AND YOUR TEEN

第一章

给自闭症谱系青少年家长的7条忠告

本书旨在为你指明正确的方向，化解养育自闭症谱系（autism spectrum）儿童这一过程中的艰难险阻。市场上有不少图书都探讨了在引导自闭症谱系孩子长大成人这一漫长旅程的最初步骤，包括孩子被确诊为自闭症，在学龄前或学龄期获得相应服务的过程。本书将接续前人之作，着重探讨青春期至成年期阶段（11~21岁）的相关事宜。

本书的各章节为不同谱系类型和不同能力水平的孩子父母提供指导。其中，自闭症谱系或自闭症谱系障碍（autism spectrum disorder, ASD）指的是一组

第一章　给自闭症谱系青少年家长的7条忠告

发育差异，主要表现为社交互动困难、语言沟通不畅、行为模式刻板和兴趣活动受限。该谱系涵盖了典型的自闭症人群，以及过去被称为阿斯伯格综合征（Asperger's syndrome）的人群。常用的"低功能"和"高功能"两个术语主要指的是患者的语言能力和按传统方法测定的智力水平，不带任何道德评判意味，因为有些低功能自闭症患者也可能在某方面才华出众。

在撰写本书时，我想表达的是，子女在长大成人的路上要经历艰难险阻，对于父母来说，这又是一段充满迷茫与困惑、经济拮据、挑战重重但收获颇丰的旅程。我还要声明，尽管本书为你提供了一些策略和工具，但养育孩子并没有一条所谓正确的路，你不必被这些建议束缚手脚，不能按照建议去做时也不必感到内疚。我知道患有自闭症的青少年的父母所肩负的重担，老师、医生和其他社区成员经常要求你们做得更多，你们可能还从事着一份或多份工作，照顾着家中其他老小，并努力维持着家庭的日常开销。但一个人的能力总是有限的，不管是在情感上，还是在经济上。你要找到适合自己的方法，不要因为有所顾虑而给自己徒添烦恼。只有当下有效的方法，才是最适合你的正确方法。有些事情刻不容缓，有些事情暂时无解。你要明白，养育孩子是一个过程，其中一步就是承认自己的局限性，原谅自己是个普通人。等到时机成熟，你就会找到对自己和孩子均有成效的策略及步骤。在这个过程中，你不可能面面俱到。比如，你的一个孩子急需高昂的医药费和其他开销，因而你无力为另一个孩子矫正牙齿；你在为孩子的入学问题奔波，因而无暇教他自己穿好衣服。请按轻重缓急的顺序把最紧迫的事情放在首位，并告诉自己其他任务暂且搁置一下也无妨。

忠告1：挑战和成长并存

　　孩子的成长之路并非总是呈线性发展，所有孩子皆如此，自闭症孩子尤其如此。随着年龄的增长，患有自闭症的孩子可能会面临知识技能和生活技能失衡。作为家长，你可能对此迷惑不解，因为你深知自己的孩子有着无限的潜力，但他就是无法在日常生活中将其完全发挥出来。的确，你没有错。孩子的知识水平与实践技能之间的落差有时会令人沮丧，他或许可以完成惊人的任务（例如在大脑中进行复杂的三位数乘法运算），却无法系好自己的鞋带。但是，你不能因为孩子在某些特定领域仍有困难，就判定他没有进步。在困难中努力，本身就是成长，这代表孩子至少没有停滞不前、一成不变。

　　你发现孩子在青春期成长道路上的不足之处时，

要留意他做得好的地方，留意他是如何取得进步的。当孩子在一些基本技能上（如使用金钱、乘坐交通工具或自己穿衣服）遇到困难时，父母往往很难关注到他的进步。你也难免会将自己的孩子和那些发育正常的孩子（非自闭症谱系，没有其他形式的神经多样性或功能和思维方式差异的孩子）进行比较，因为对于后者来说，掌握这些技能易如反掌。但是，千万别将困难等同于无望，也不要对孩子擅长的事情视而不见。你可能已能够通过纵向对比孩子自身的进步来衡量他的成长，而不是与其他孩子相比，这是一种很棒的能力，请继续保持。请多想想孩子相较于之前的成长，即使有时候你觉得他好像退步了，但这也是成长的过程。

忠告2：尊重苦难

我鼓励你以一种相对的目光看待孩子的成长，但这并不意味着你可以忽视你和孩子正在经受真正的磨炼。青春期前，尤其是到了青春期，对于自闭症孩子和他们的父母来说，是一段异常艰难的时期（尽管并非人人如此）。我建议家长正视苦难，意思是说，你应该承认这段时间对你和孩子来说是多么艰难。

在这个困难时期，请家长善待自己和孩子。虽然做起来并不容易，但你要认识到，孩子努力应对就表示他在成长，表示他愿意接受新的挑战，变得更加独立，愿意与他人打交道，尽管这种努力也可能带来麻烦。例如，随着年龄的增长，许多自闭症儿童更愿意和社会互动，也更能理解社会的复杂性。这代表了真正的成长，但也意味着当他们走出自己固有的生活圈，试图理解外面的世界时，他们可能更容易沮丧。

此时，你应该和孩子一起适应这一变化，把这种努力应对看作孩子的进步。

忠告3：父母要尊重自己的直觉

作为家长，你比那些所谓的专家更了解你的孩子。你最了解他需要什么，以及他应该找什么样的人治疗。你可以向专家求助，但在帮孩子寻到自身需求的过程中，你是至关重要的一环。因此，你要相信自己。如果你感觉不适，请尊重你的直觉。如果你咨询的专家不花时间了解孩子和他的病史，那就考虑更换一个专家，即换一个可以认同你的观点，并愿意与你共同探讨孩子问题的专家。随着越来越多的专业人士接受治疗自闭症谱系障碍的培训，你肯定可以找到理想的专家，既能理解孩子的难处和进步，也能理解自闭症家庭的困境和进展。

忠告 4：你不是一个人

这说起来容易做起来难。但如果你足够幸运，拥有可以帮助你的亲人、朋友或值得信赖的人，那就打电话给他们，给自己留点时间。你不在孩子身边时，不要花时间为了孩子打电话，也不要反复思考他的未来；相反，要花时间放松和做回自己，你可以在吊床上读书，或去跳跳舞（一项一项划掉自己的愿望清单也挺好的）。许多父母会忍不住在空闲时间给儿子制订个性化教育计划（individualized education program, IEP），或者给女儿的应用行为分析（applied behavior analysis, ABA）治疗师打电话咨询。如果可能的话，不要这样做。这对要工作的父母来说很难做到，更不用说那些身兼多份工作的父母或单亲父母了。接下来的章节将给你提供一些有用的资源，其中许多是免费的。

与理解你的人在一起，就是说你要远离那些不理解你和孩子的人。你最好和那些与你的情况一样的家长，或者那些同情孩子境遇的人做朋友。这样的话，你会觉得自己充满力量，在危机时刻自己并不是孤立无援，而是有所依靠的。正念训练也有所帮助，它告诉你享受当下，退一步，至少不被情绪左右。这样的话，你就可以从不加评判的角度看待孩子和自己。第八章会详细介绍关于家长如何帮助自己，以及帮助孩子的一些方法。

忠告5："贵人"无处不在

养育自闭症儿童最困难的事情之一是家长会有一种孤独感。如果你的孩子脾气暴躁或攻击性强，那么与他人交往就会很困难。这会导致父母有种被捆住手脚的感觉。但是，与家长需要尽可能走出家门同理，孩子也需

第一章　给自闭症谱系青少年家长的7条忠告

要找到他所信赖的人。近年来，人们对自闭症患者越来越关注，有了专门针对自闭症患者的医生、治疗师甚至牙医，他们对自闭症儿童的情况充分了解，并随时准备好提供帮助。你不需要向一些不懂自闭症的人咨询，那些专业人士会给你提供有针对性的帮助。

育儿过程中，有些人会理解你的孩子，但有些人却不理解。比如，当他们发现孩子在候诊室大吵大闹或不会用牙线剔牙时，他们会倒吸一口凉气。现在，这类有特殊需求的孩子越来越多，同样会有更多经过培训的专业人士来帮助他们。不要满足于表面上的关心，你要相信总有人不仅会接纳你的孩子，还会欣赏他的优点。你应该和这些人打交道，他们会减少你的孤独感。要知道，有越来越多的家长像你一样，渴望找到一个令自闭症孩子感到舒适的世界，你并不是在孤军奋战。

忠告6：科技日新月异——希望永驻

在自闭症谱系障碍领域，最激动人心的事情莫过于研究人员和相关工作人员每天都有新的发现。除此之外，越来越多在幼儿时期就被诊断出自闭症（并接受治疗）的孩子步入成年，并受益于这些经过验证的有效治疗方案，我们对于自闭症儿童成长过程中的各项能力有了更好的认知。现在，有更好的手段来帮助这些年轻的自闭症患者过渡到独立生活，甚至有些雇主知道不同程度的自闭症患者的优势。自闭症科普教育正在向所有儿童普及——现在《芝麻街》[①]（*Sesame Street*）甚至设计了一个患有自闭症的角色——儿童也会随着年龄的增长越发理解这种

---

① 美国一档著名儿童教育电视节目。——编者注

病症。家长不要认为孩子的症状无法改善，今天的表现不能决定他的未来。

忠告 7：活在当下

在你为孩子谋划他的未来并为他出头的同时，请记得珍惜当下。自闭症儿童看待事物有一种其他人鲜有的独特视角。无论你的孩子是倒着拼写单词还是学习如何涂脚指甲，都请你理解他们。你的孩子有新颖之处，正在努力学习以独特的方式欣赏这个世界。例如，他也许喜欢卡车的声音，或者能够在蹦床上玩耍一个小时。请用相机记录下这一刻，并深深印在脑海里，因为你的孩子在提醒你当下的生活是什么样子。正念训练（比如冥想）可以帮助你放慢节奏，静下心来，这样你与孩子在一起时就会更加投入。

我们接下来将要探讨什么

在接下来的章节中，你将了解孩子在青春期和成年期的不同生活状态，以及在每个阶段你该如何帮助他。

第二章概述自闭症患者如何度过青春期，以及许多自闭症谱系青少年经历的磨炼和取得的进步。第三至第五章分别介绍自闭症青少年在学术培养、社交和医疗方面的知识。每章都会讲述一些家长在养育自闭症谱系青少年过程中的真实故事，而且每章末尾也会总结一些实用的养育策略（为保护个人隐私，已对真实案例进行了处理。故事大多是由真人真事改编的）。第六和第七章介绍如何教孩子学会自理、自立，以及如何帮助他们顺利度过青春期，步入成年期。第八章讲述家长应该如何照顾自己和注意事项——只有照顾好自己，才有精力去照顾孩子。

第一章　给自闭症谱系青少年家长的 7 条忠告

在每一章中，我都会和你一起讨论孩子的发展如何影响家长，因为你们的互动和经历对孩子的成长至关重要。我还建议你做一些实际的事情来帮助你的孩子，让他适应青春期和刚成年时所经历的生活变化。

AUTISM AND YOUR TEEN
第二章

当自闭症遇上青春期

男孩亚历克斯（Alex）患有高功能自闭症，12岁时开始莫名地感到焦虑。他不太理解自己为什么如此焦虑，但他发现自己的衣服已经穿不下了。他的爸爸向亚历克斯解释道，他很快会迎来身体生长的高峰。亚历克斯的脑海中便浮现出他的衣服突然被撑破并脱落的画面。他想知道在生长高峰期他的床是否还够长。此外，他还发现电影中的青少年都在谈恋爱。爸爸告诉他，到了16岁就可以约会了，所以亚历克斯制订了明确的计划，在他16岁生日后的第二天就去交个女朋友。

麦迪逊（Madison）平时在学校表现良好，在十几岁时，之前循规蹈矩且性格平和的她突然性情大变，变得暴躁易怒，还会殴打她的兄弟姐妹。她的父母对此满腹狐疑，直到他们咨询医生之后才被告知女儿患上了强迫症（obsessive-compulsive disorder, OCD）。这种病症的表现就是焦虑，使得她想从那些按部就班的规律和行为中"解脱"出来。精神科医生解释道，尽管麦迪逊一直在与强迫症的想法和行为做斗争，但青春期的到来明显加重了她的症状。

影响自闭症青少年大脑和身体的因素

在本章的开篇故事中，亚历克斯表现出许多自闭症谱系青少年共有的古怪想法。虽然许多自闭症患者在青春期可以轻松理解青春期变化背后的生理知识，但是这个时期他们即将经历的社交活动和情感变化非常细微，理解起来更复杂。然而，自闭症青少年也可能从容地应对青春期的变化，这段时间他们会快速成熟，生活技能也显著提升。另一方面，青春期在性激素等心理和生理上的变化往往会加重精神问题，这会给青少年和家长带来巨大的痛楚，麦迪逊的经历很好地体现了谱系青少年青春期的坎坷成长。本章将告诉你如何指导孩子应对青春期带来的心理变化。

每个孩子度过青春期的方式大相径庭。对于许多自闭症谱系障碍的孩子来说，青春期是一个在情感和生活技能上都走向成熟的时期。虽然青春期对自闭症患者而言意味着巨大的挑战，但社会技能训练和机构会为他们提供干预治疗措施，帮助一些自闭症儿童提前做好进入青春期的准备。

然而，据一些研究发现，青春期是自闭症儿童出现更多的行为和精神问题的时期，主要原因可能在于他们的大脑和身体发生了化学反应。加州大学戴维斯分校心理研究所的布莱斯·科比特（Blythe Corbett）和托尼·西蒙（Tony Simon）等人研究发现，患有自闭症的青少年体内皮质醇的基础比率更高。皮质醇是人体分泌的一种激素，它是心理学概念中"战斗或逃跑"应激反应的一部分，升高表明身体处于重压之下。皮质醇在史前时代就已开始发挥作用，比如乳齿象在愤怒时，体内皮质醇分泌量上升，为战斗或者逃离所需要的速度做好准备。但是，自闭症青少年的皮质醇水平较高意味着他们的身体总是处于兴奋和高压状态，这将导致他们的身体失调加剧。

此外，大约25%的自闭症患者在青春期会出现癫痫发作（一些研究表明，发病率从22%到38%不等）[1]。自闭症患者患上癫痫很难察觉，因为他们癫痫

---

[1] https://www.spectrumnews.org/news/risk-of-epilepsy-in-autism-tied-toage-intelligence

发作时可能会表现为攻击性变强或行为失调，而不是常见的抽搐。行为失调是指超出行为规范的行为。例如，因压力过大而打人就是一种行为失调的表现。患上癫痫的青少年也可能表现为学业或认知能力下降。脑电图可以检测癫痫是否发作，一旦发作就必须进行治疗。即使大多数自闭症青少年没有癫痫发作，也要特别警惕发作的可能性；一旦怀疑，需立刻寻求帮助。

我们已经预料到这种身体上的压力会导致怎样的结果，那就是大多数青少年情绪会变化多端，且敏感多疑。此外，随着年龄的增长，自闭症儿童面临着更多特殊的挑战，比如感官敏锐度增强、精神问题更加凸显、行为失调情况更严重。社会环境日益复杂，如果自闭症患者遇到困难，无法排解自己的困惑，又苦于无法表达，他们的情绪会更加不稳定。

青少年的身体和大脑构造在青春期会发生变化，

第二章 当自闭症遇上青春期

这可能会导致他们患上精神疾病，或者已有的病情发生恶化，对自闭症青少年来说更是如此。当然，这并不意味着所有谱系障碍青少年都会出现这样的问题，因为许多自闭症青少年患者在青春期的表现比他们在婴幼儿时期或小学时期更好。但是，有些患者会出现精神疾病或相关症状，这时就需要专业的帮助。例如，许多自闭症儿童表现出行为刻板和语言重复，这是自闭症的核心特征。这类自闭症患者也可能患上非常严重的强迫症，这种情况下就要采取措施。任何年龄都有可能患上强迫症，但在青春期前或青少年早期比较常见。自闭症和强迫症因为许多症状相似，有时很难将它们区分开来，但患有自闭症的青少年患上非常严重的强迫症的风险更高。

与正常发育的同龄人相比，患有自闭症的青少年更容易感到社交孤立，这会增加他们患抑郁症和焦虑症的风险。家长一定要留意孩子是否出现抑郁或焦虑的症状。比如他对一贯喜欢的活动失去兴趣，或者改变睡眠或饮食习惯。拿女孩子来说，月经期间受激素影响，她们容易处于强迫症、攻击性强和/或焦虑的状态（第六章将更详细地介绍女孩在月经期间的变化）。如果针对这些问题没有得到合适的治疗，他们可能会采取一些危险行为来应对自身的问题，如攻击他人、使用违禁药品和酗酒。

青少年的成长道路各不相同。许多自闭症青少年在青春期也能保持心理健康并顺利成长，关键是家长要帮孩子找到具有敏锐观察力并充分了解自闭症的医生。要区分自闭症的典型症状和其他类似疾病的共性症状（如强迫症或焦虑）可能比较棘手，所以家长选择的医生应善于倾听，并且在应对自闭症方面受过良好的训练。第五章将分享更多有关医生和其他专业人士帮助自闭症青少年的案例。

心智理论和自闭症谱系青少年

除了大脑和身体发育逐渐成熟，青少年还要面对日益复杂的社交世界。自闭症谱系中高功能的青少年患者可能对他周围的社交压力感知更清晰。在社交时，与神经正常发育（非自闭症）的同龄人相比，他们更容易感到孤独。尽管看起来可能没有同龄人那样明晓事理，但他们仍然有同样的欲望和困惑。只是大多数自闭症青少年缺乏一些直觉，而这种直觉可以帮助引导他们克服这些状况。这使他们更容易焦虑。

自闭症青少年对成熟的理解有所偏差，可能使得这个问题更复杂。例如，虽然所有的青少年都在尽力感受他们自己身心的成长与成熟，但是谱系障碍青少年对成熟这个概念天生缺乏直觉。本章开头的案例中提到的12岁自闭症男孩亚历克斯，他臆断自己在16

岁生日后的第二天就能找到女朋友，而且他非常担心自己在一夜之间快速长高，高到现有的床不够用。自闭症青少年如果对自己的性取向感到疑惑，或者他们的性取向与家人或广泛的社交网络所普遍接受的性取向相反，他们可能会遭受额外的压力，就像许多健康的青少年中也有不同的性取向一样。

谱系障碍青春期前的少年和青年可能在健康课上接受过性教育，了解过他们成年后的生理变化，比如长胡子或乳房发育，但他们可能不了解这些变化带来的更深层次的意义。某种程度上，这是因为他们的执行功能发育较慢或相对不成熟。像以灵活的认知方式调节行为和功能的这种能力（这属于执行功能），就可以帮助儿童与青少年发展处理不断变化的复杂社交情况的能力。伊丽莎白·佩利卡诺（Elizabeth Pellicano）等研究人员相信，执行功能发育不成熟与所谓的"心智"发育不完全息息相关。他们认为，自

第二章　当自闭症遇上青春期

闭症患者并不总能理解其他人与自己持有不同的信念和想法。换句话说，自闭症患者会假定其他人的想法与自己完全一样。西蒙·巴伦-科恩（Simon Baron-Cohen）是自闭症领域的顶级科学家之一。他和一些研究人员认为，心智发展是自闭症的核心或决定性特征。人的执行功能的发育主要由被称为"前额皮质"的大脑决策前部控制，该区域发育成熟对于理解青春期开始变得复杂的社交关系至关重要。

因此，青少年在思考自己如何变得成熟、如何发展恋爱关系，以及与如何与同龄人相处时所面临的认压力和社会压力，可能会因生理和大脑因素而在自闭症青少年中加剧。因为他们的生理和大脑发育相对滞后，所以自闭症青少年可能感受到额外的压力，与此同时他们的抗压能力也会增强。此外，因为并不总能表达自己或感知自己，他们也可能无法说出内心的恐惧和担忧。所有这些都让自闭症青少年压力剧增，从而寻求一些发泄方式，比如攻击家庭成员、吸食毒品或酗酒，或无休止地沉迷于电子游戏之中。第四章和第六章将告诉你如何应对这些问题。

隧道尽头的曙光

对某些自闭症患者而言，尽管青春期可能是一个非常困难的时期，但随着年龄的增长和认知的发展，他们的情况会有所好转。罗素·巴克利（Russell Barkley）等研究人员表示，一般来说，患多动症（注意力缺陷/多动障碍）的青少年有多动、易冲动和注意力不集中等症状。这些症状在许多自闭症患者身上也存在，它们随着年龄增长和认知发展将有所缓解。此外，随着时间的推移，多动的症状会慢慢消退，大约33%被诊断为多动症的儿童，成年后的表现就不再符合多动症的标准。许多研究人员认为，前额皮质

（大脑中帮助人们做决定和判断的部分）不会在青春期停止发育，而是一直持续到成年，它将帮助许多兼有多动症和自闭症的青少年。随着时间不断推移，大脑在青春期后期和成年早期继续发育，谱系患者的判断力和自制力也会增强。

研究表明，尽管一些儿童时期被诊断患有多动症的人可能会继续与一些不太明显的病症做斗争，如注意力不集中和易冲动，但多动的症状会随着时间的推移而减轻。这意味着随着自闭症青少年的成长，他们会更关注一些有助于调节自己行为的策略。

此外，科学界和公众对谱系障碍儿童成长的认识每年都在提升。例如，英格-玛丽·埃格斯蒂（Inge-Marie Eigsti）在2016年的一项研究中发现，一些在儿童时期被诊断患有自闭症谱系障碍的人，随着年龄的增长，已不再符合确诊标准，连研究人员都无法区分他们与同龄人的差别。不过，该研究中自闭症组的年轻人表现出研究人员所说的"泛自闭症表型"（broad autism phenotype），即该疾病不典型的症状，比如注意力不集中和在社交场合沟通困难。他们也会表现出一些多动症的症状，这说明自闭症的一些症状以更微妙的形式持续到成年早期。我们通过这些研究了解到，随着年龄的增长，自闭症如何继续影响人们的生活，尤其是影响那些高功能谱系患者的生活。

研究还表明，自闭症谱系中的高功能患者年龄逐渐增长，即使他们依然存在注意力和社交方面的问题，但不影响他们学会在成人世界生存所需的技能。早期的研究结果描绘了一幅自闭症患者进入成人世界的可怕图景，但近期研究则为我们带来了很大的希望。在正确的干预下，自闭症谱系儿童成年后也可以独立生活。

通过长期追踪自闭症谱系障碍患者，尤其是从小就接受经实验验证有效的治疗（即经过科学研究检验的治疗）并从中受益的患者，对他们进行纵向研究，自闭症研究领域才慢慢取得突破。有了这些研究，我们可以更好地了解从治疗中受益的病患儿童在成年后的表现，还包括在不同的人口统计学变量下对患者进行的较新的研究，如种族、文化和社会经济背景。因此，我们对自闭症儿童成长的认识是不断更新的。这些研究结果发布在诸如"频谱新闻网"（Spectrum News，https://www.spectrumnews.org）等媒体上，有助于家长了解如何更好地引导他们的孩子成长。自闭症研究领域的爆炸式发展为儿童患者带来了希望。

父母要为孩子的青春期做好准备

尽管学龄儿童似乎还没准备好迎接青春期，但他们很可能已经在电影或互联网上接触到青春期要面对的问题。例如，一位母亲本以为她儿子在特殊教育学校上学，那里不可能有人在13岁时就开始约会，结果却发现儿子变得心烦意乱。因为他在学校校车停车场看到一个女孩当众和男朋友分手，这件事让他大发脾气。不管自闭症青少年是否真正理解约会和恋爱意味着什么，许多人——甚至那些中等或高功能的自闭症患者——可能已经从流行文化和社会中领悟了足够多的东西，知道他们接下来会面临什么。

因此，在孩子满12岁之前，家长就应该做好准备，来应对他们青春期的情绪动荡。一种方法是帮孩子找到一位好医生，或者保险可以覆盖的精神科医生。即使孩子看起来很正常，也应该定期带他去医生

第二章 当自闭症遇上青春期

那里进行身体和精神方面的检查，这样医生就能注意到正在发生的任何细微变化。这些信息能给专业医护人员很好的参考，帮他们在孩子的青春期前或青春期初期设定一个良好的功能基线，以便注意到孩子的变化。

父母要密切关注孩子身体机能的细微变化。比如随着时间的推移，攻击性是否变强，这可能表明孩子的身体正在发生化学变化。虽然家长可以忽略那些微小的、周期性的爆发，但若持续一段时间且行为变化显著，则家长应予以重视并努力解决，因为它可能意味着孩子现在需要更多的帮助或不同类型的干预。比如，如果孩子经常打你或其他家人，正常的反应是你会非常生气，但这种行为可能是由于青春期前的皮质醇或其他激素的变化所致。尽管孩子看上去还不到青春期，行为方式也非常不成熟，但他们可能在经历激素的变化，导致行为反常，需要精神病学上的干预或治疗。

社交故事

比较理想的情况是，家长在孩子青春期前或青春期早期就告诉他未来几年可能会经历什么。虽然有些概念他们可能听不懂，但给他们讲一些社交故事，比如"故事板"（https://www.storyboardthat.com）上的故事，自闭症患者能更容易理解新奇的社交情境，也有助于拆分故事内容。这些故事包括不同种族的人，适用于不同语言和功能水平的孩子。你和你的孩子也可以使用这个网站来创作自己的故事。比如，你可以创建一个关于如何与同学展开对话的社交故事（包括孩子需要执行的具体行为，你可以问个问题让孩子回答）。你也可以从网上下载图片自己编故事，或者在故事中使用孩子的照片。看到自己的形象，青少年会更容易被带入社交故事的场景中。

像约会这种概念，家长可以缓一缓再跟孩子讲解，但有些方面的教育刻不容缓，如在孩子进入青春期之前对他们进行安全教育是至关重要的。他们可能需要反复接触如何与陌生人打交道的故事场景和社交故事（比如在公共场合与哪类人说话是安全的），然后才能领悟需要怎么做，以及为什么这么做。有时，在理解如何运用策略之前，孩子可能会反复念叨故事的主题思想（如"不要和陌生人说话"），这时需要对他们进行更具体的引导。例如，在这个情境中，指出谁是陌生人，谁不是。在他们自然习得这些行为并铭记于心之前，他们还需要演练不同的反应，比如不要在街上和陌生人打招呼。学校和应用行为分析治疗师可以帮助孩子强化这些信息，这样他们就能从多个场景接触到信息。

一开始，孩子可能只是简单地记住一些规则和对话脚本。这对许多孩子来说也一样，是符合成长规律的，不要气馁。重要的是，孩子在对父母产生抵触情绪之前就学习这些，会起到事半功倍的效果。若是到了青春期，他们像其他青少年一样对父母产生逆反心理时再学习就来不及了，因为青春期的逆反心理在谱系障碍儿童身上尤其难以控制，他们通常不知道如何变通，缺乏随机应变灵活使用这些策略的能力。重要的是，在家长的提前教育下，他们已经掌握了一些应对方法和策略，尽管只会生搬硬套，但这些方法和策略依然会在他们青春期到来之前，或在进入青春期叛逆的旋涡之前发挥作用。

当谱系障碍儿童将这些社交策略进行学习内化时，他们可能会对周围的世界感到越来越困惑。因为他们会发现其他青少年和成年人不断地违反规则，这会让他们感到格外受挫和疑惑。大多数谱系障碍儿童希望每个人都遵守规则，至少希望家长和其他与孩子关系密切的成年人能遵守一些简单的规则，比如尽可能不要在公共场合说脏话，这样孩子的成长道路就会相对轻松一些。他们在逐渐长大的过程中会更灵活地理解如何使用规则，比如在有些情况下某些规则可以不用遵守，而另一些则不能，但是要判断其中的细微差别可能需要一些时间。

无论家长为孩子顺利度过青春期做了多么充分的准备，都无法预测到所有可能发生的情况。毫无疑问，青春期的社交环境会不断变化，有时孩子会感到无所适从，这时身边如果有人提供帮助，对孩子而言会非常重要。

寻求感到舒适的帮助

虽然自闭症本身是神经多样性的一种体现形式，但请确保你为孩子选择的干预和治疗措施是满足你和你的孩子、家庭及社区的文化需求的，这一条同样至关重要。德梅特里亚·恩尼斯-科尔（Demetria Ennis-Cole）等研究人员已经证明，一个家庭的文化或传统可能会影响他们对孩子自闭症诊断和接受治疗的看法。比如，美国中产阶级白人倾向于向医学界寻求帮助，而非裔美国人、拉美裔美国人、亚裔美国人和其他一些地区的人可能不大相信医学，他们更愿意依靠自己的力量或采用传统方法来解决；单亲父母、性少数群体会觉得受到医学专业人士的区别对待或不被接受。你会发现，不同的文化和背景会影响人们为孩子寻求帮助的方式，就算是相同的文化背景下，不同的群体间寻求帮助的方式也截然不同。

你选择向专业人士寻求治疗咨询时，尽量找能理解你及你的家庭背景的人。并非所有家庭对孩子的自闭症诊断和治疗都采取一样的应对方案。如前所述，不同的文化背景会影响患者家庭求助的方式。如果一位家庭成员比较保守，不想寻求外界的帮助，而另一位家庭成员却想这么做，那么就医之路就会变得特别困难。有人更喜欢在他们的社区向相同种族背景或近似年龄段的人寻求帮助，或者从他们的教堂、寺庙、清真寺或其他社区的熟人那里寻求帮助，这样他们会觉得更能接受。有些人很难信任自己亲近圈子之外的专业人士。如果你不愿意寻求外界的帮助，可以从你信任的圈层开始寻找，总能找到帮助你和家人的专业人士。例如，如果你的社区或宗教组织的其他成员中有患有自闭症的孩子或患有自闭症的亲戚，你就可以联系他们，请求他们推荐一位值得信任的专业人士，那个人可能就是你要找的人。社区的非营利组织也能为你提供帮助。例如一个为"生活在双重彩虹下"的人提供支持的组织（Twainbow，https://www.twainbow.org），它面向的群体既是自闭症患者，也是性少数群体。

虽然心理健康专家和医生的行业细分不像其他人群那样多样化，但这些职业的多样性正在增加，你一定可以找到尊重你及你的价值观的专业人士，一起帮助你的孩子。第五章会介绍几种不同的方法，告诉你如何与你觉得可以信赖的专业人士沟通，以帮助你的孩子。

为人父母

眼睁睁看着孩子在青春期饱受情绪跌宕起伏的痛苦，对于家长来说是很煎熬的，尤其是这个孩子曾经体贴入微且知足常乐的时候。大多数青少年的家长在此阶段都会经历一些考验，但对自闭症孩子的父母来说格外艰辛。青春期带来的激素和心理变化可能会导致孩子出现精神失调等问题，这段时间孩子的突然转变会让父母感到措手不及。虽然青少年都在努力走向独立，但这个过程对自闭症孩子来说总是特别令人忧心，因为他们还不具备独立所需要的成熟心态和生活技能。

在这个过程的每个阶段，家长都要学会对自己和孩子保持耐心、宽容。本书想告诉各位家长，你并不孤单，书中会给你提供一些有用的资源和专业人士的信息。向过去那个年幼的孩子道别吧，庆祝你的孩子即将成长为一名心智健全的青少年。这几年他的进步会非常显著，但是成长与痛苦并存。此外你也要意识到，孩子会发现他自己正逐渐变得有些陌生，你们双方都需要时间来适应这些变化。接下来的章节会介绍一些方法，告诉你这段时间该如何进行调整。

养育策略

○ 带青春期前的孩子定期去看医生或心理健康专家，为顺利度过青春期做好准备，这样你就可以监控孩子的变化，了解孩子的行为举止。

○ 监控孩子的任何行为变化，这些变化可能表明他的功能或需求发生了改变。

○ 给孩子讲一些社交情景故事，帮助他学到可以在社交场合使用的策略。社交情景故事中可以使用孩子本人的照片，使其更加直观。

○ 谱系青少年在复杂的情况下使用社交策略往往生搬硬套，不能灵活运用。如果可能的话，请你自觉遵守你希望孩子学会的规则，便于孩子模仿。

○ 为孩子寻求帮助时，注意你的背景和文化会影响你寻求帮助时的感受，这对找到让你感到舒适的人会有所帮助。利用你的社会资源去接触那些让你感觉更舒服的专业人士。

AUTISM AND YOUR TEEN

第三章

初高中
非正式课程导航

玛德琳（Madeleine）是一名患有高功能自闭症的十年级学生，就读于一所普通公立高中，这学期她有好几门课不及格。她的母亲很愤怒也很难过，因为玛德琳在课余时间沉溺于阅读科幻小说，没有提交任何论文，从而导致英语不及格。化学课上她被要求必须和其他人合作完成一份实验报告，但她并没有抽时间和别人见面，而是想着独自完成实验。

萨姆（Sam）在5岁时被诊断出患有自闭症。在上七年级之前，他在学校的表现都很好，但他无法处理其他孩子传达给他的感官刺激。过去他会捂住耳朵，对环境中嘈杂的声音置之不理，但现在他开始通过扔椅子和打老师的方式来发泄他对写作的不满。他心烦意乱，没法完成任何任务。由于他这一系列的失常行为，学校建议他转到其他学校。

向初高中过渡

在初中和高中，一些来自外界的支持不存在了，但许多自闭症青少年仍需继续提升他们的执行能力，以达到预期的程度。患自闭症的学龄前儿童与青少年即使很聪明，在学校的表现也会不尽如人意，因为他们缺乏成熟的"心智"（也就是理解他人观点的能力），无法理解别人对他们在学业和行为上的期望。神经发育正常的孩子在初中或高中时可能会自然而然地变得成熟，但是这个过程对自闭症学生来说却并非水到渠成。

自闭症儿童从小学到中学的过渡格外艰难。虽然小学也需要自闭症学生进行预测判断，但中学对此要求更高。中学阶段会给学生提供更大程度的感官输入和刺激，自闭症学生很难把握。此外，他们也无法适应课程之间的切换和作业量的激增。与此同时，高中的社交环境更复杂，他们会觉得自己与同龄人格格不入，而相应的需求（包括对学生功能独立、处理复杂的社交行为和感官问题的需求）在高中阶段也会增加。

初高中阶段的感官要求、学业要求和社交要求会加重学生的焦虑。从小学过渡到初中和高中可能是困难的，这就需要你和孩子就读的小学采用一些方法帮助孩子提前适应。你可以要求学校在小学的最后一年制订一些策略或者根据个人需求调整方案，来完善孩子的个性化教育计划，为他们顺利过渡到初高中做准备。这一章将帮助你在孩子升入初中前提前思考能给他提供哪些支持，以及其他可能帮助他顺利过渡的服务或个性化调整方案。

对初高中学生的执行功能要求

初高中的学业要求孩子有较好的执行能力，也就是说，他们要具备计划、组织、判断事情轻重缓急和必要时灵活调整任务的能力。跟之前相比，学生们要独立完成更多的任务。此外，孩子上小学时得到的支持和照顾可能不复存在。例如，小学老师通常把家庭作业记录下来，并放在学生的文件夹里，但初中学生常常要自己记录家庭作业，并独立完成（在高中这些会变得习以为常）。与此同时，学习科目增加，学生在各科老师之间转换，中学老师没有机会像小学老师那样深入了解学生。此外，学生们的注意力也被迫在各项任务或者各个学科之间转换。这对患有自闭症的学生来说是一种负担,因为他们在自我调节和灵活性方面存在困难。简而言之,这个阶段当自闭症儿童需要额外的支持时,周围环境往往没办法及时提供。

正如第二章所讨论的,自闭症学生在执行功能上有所欠缺。他们经常需要老师的提醒以及手把手的指导,才能完成看似简单的任务。所有的自闭症学生都需要帮助。在本章开头的例子中,玛德琳是一位有语言天赋的学生,但她的天赋对学习成绩毫无助益,因为她没有动力把注意力集中在眼前的任务上。要让自闭症儿童产生动力是个问题。因为他们容易被自己内心的动机或兴趣分散注意力,而不是被老师展示的东西或课堂上同龄人认为重要的东西所激励。

执行功能障碍的结果是学生常常不能开发他们的潜力,获得预期的结果。在研究自闭症学生向中学过渡的过程中,英国研究人员尚特尔·梅金(Chantelle Makin)、薇薇安·希尔(Vivian Hill)和伊丽莎白·佩利卡诺发现，计划书等组织辅助工具可以帮助学生从小学过渡到中学。学生需要明确的指导来记录他们的作业并记录何时该交作业。这么做的最终目标是使他们更加独立，但跟普通同龄人相比，自闭症学生可能需要更长时间使用这些辅助工具，包括进到高中。

自闭症学生没办法在各种任务间自如切换以及灵活应对一天中的变化，这就存在一个问题。在初高中，学生们上课要更换不同的教室，这意味着一天内他们需要应对身体、心理和社交环境的突然变化（因为每个班级的学生可能不同），这对那些尚在过渡期的学生来说是一种负担。患有自闭症的学生则需要更长时间完成过渡，如果在更换教室时被允许有额外的间歇时间，他们会适应得更好。这些学生在整理家庭作业、运动包和其他材料时也可能遇到困难，家长可以帮他们列出一份清单，供他们对照整理。

感官超负荷

萨姆是一个七年级的学生，在本章开头的小故事中，我们已经对他有所了解。他在课堂上被感官和社交刺激分散了注意力，不能专心完成功课，因此产生了破坏性行为，这就是感官超负荷的体现。

在初高中阶段，感官输入干扰源繁多。比如礼堂和自助餐厅的噪声特别大，社交情况复杂，患有自闭症的学生在这里可能会精神失调，因为他们难以过滤掉多余的噪声和刺激。在教室也是如此，里面经常有刺眼的灯光和太多的视觉干扰。

在普通学校，学生很难找到一个感官输入较少的或者输入源类型不同的地方。有些学校会在护士办公室或其他地方设立一个"安全区"，自闭症儿童在那里可以减压，减少刺激他们的感官输入（比如大声喧哗的噪声）。此外，安全区还会提供让他们感觉平静的感官工具（比如加厚的马甲或毯子）。与此同时，他们还可能需要一些起到安抚作用的感官输入，如让他们玩柔软或可挤压的玩具。

小学生在课堂上穿着加厚的马甲或使用感官工具可能觉得舒服，但在初高中课堂上再使用它们就有可能感到不舒服。学校指定的安全区可以保护谱系障碍学生的隐私，以及提供其他支持，帮助他们的行为更加规范，如昏暗的照明和感官工具。

非正式课程

自闭症学生在心智方面的缺陷（即理解他人动机和需求的能力）会使他们在普通的初高中学习生活中难以适应。因为初高中学校生活的许多方面都取决于学生心智是否成熟。例如，心智成熟的学生能更好地处理一些社交场合，因为他们对社会规则有直觉上的判断。

学校生活会隐含许多非正式课程——从早上学生与老师问候，到能够理解老师在考试和课堂上的提问，知道在餐厅就餐的位置，以及如何与他人交谈。一般来说，一天中缺乏对话脚本的部分会让自闭症学生感到焦虑，有时他们需要明确的脚本告诉他们如何进行对话，即使很难掌握日常对话，这些训练也还是有效的。

非正式课程和社会规则以一种更微妙的方式夹杂在一天的学习生活中，正常的学生应该知道如何遵守。在小学时，这些规则被张贴在墙上（如"手不要乱动"），但到了中学，就不需要再额外规定了，因为学生理应知道。但是，许多患有多动症（注意力缺陷／多动障碍）的学生有社交障碍，他们并不明白这些规则是什么。他们可能不理解老师的指导（例如提供"详细的完整答案"），或者不能很好地与他人合作。对于老师布置的小组作业，他们可能绞尽脑汁也没有办法达到要求。

如果这些隐性规则能更加明确，自闭症学生会受益良多。例如，老师可以为他们提供答案模板，这样他们就能具体知道不同类型的评估考察点在哪里。在提供反馈或小组合作时，教师也可以帮他们制订与他人互动的规则，这样他们就有明确的规则可循。总的来说，如果能将非正式或者隐性课程直接开设出来，或者将任务清楚地列出来，自闭症学生就会受益良多。顺便提一下，一些患有多动症或社交障碍的学生也需要学校做出这样人性化的改变，尤其是在中学时期的性格塑造阶段。

清晰的日常生活安排和时间表对自闭症谱系障碍学生来说同样举足轻重。如果学校日程安排偶有中断，比如聚会、音乐会、职业介绍日、实地考察和校外活动日,往往令自闭症儿童一头雾水。因为这些特殊日子需要学生有更强的适应能力,在没有明确指示的情况下理解自己需要做什么。例如,在职业介绍日,他们需要知道认真听取社区专业人士的介绍,能够在体育馆周围自由活动,以及提出问题。患有谱系障碍的学生可以提前了解日程安排,并得到明确指示。

学习问题

研究表明,高功能自闭症学生的学术潜力和学术成就之间仍然存在差距。虽然许多自闭症学生在学术上明显具有才能,但在学校的分数并不一定能反映他们的才华,一定程度上是因为他们有执行功能障碍、多动症和焦虑症,而这些会导致他们在学习上分心。

佩吉·谢弗(Peggy Schaefer)和G.里士满·曼西尔(G. Richmond Mancil)对自闭症学生的学习问题进

行研究发现，尽管自闭症学生在特殊教育学生中是与众不同的，但他们仍然面临困难。每个学生的天赋不同，但许多自闭症学生都擅长数学、阅读和拼写。他们往往善于找规律，如拼写或阅读中的解码过程。但是，他们不擅长动笔书写和写作输出。在某种程度上，心智方面的问题使他们阅读（尤其是小说）时在理解社交背景和做出社交推理方面困难重重。此外，他们注意力容易分散，对复杂的语言理解也有困难。

因此，自闭症学生可能会表现出能力发展不平衡，甚至会发展一些"孤立的技能"（如拼写或数学计算这类在某一方面的孤立技能）。他们可能擅长解码，或者擅长读出单词中的音素，但他们对理解情节复杂的故事可能感到非常吃力。如前所述，阅读理解在某种程度上需要读者具备成熟的心智以及理解人物和作者写作动机的能力。在一些复杂的写作类型中，作者会采用"犹抱琵琶半遮面"的表达方法，很多东西是没有说出来或者没有写出来的，患有自闭症的学生要推理出未知信息绝非易事。写作对学生的要求特别高，因为无论是整理思路还是有条理地表达想法，都对学生的执行功能提出了很高的要求。此外，学生可能不理解口头或复杂的指示。一些自闭症学生喜欢数学或计算机，但是他们可能不擅长文字理解。

学生可以从视觉线索和指导中得到提示。比如，他们解答数学题时，老师要先帮他们理解题意，或者明确地告诉他们如何写作（如"此问题的答案可以作为开头"）。此外，他们还可以用图形组织这样的辅助工具。学生在上面勾勒出自己的想法，并厘清它们之间的关系，以便在写作前将自己的想法清晰地加以组织和处理。

家长最好能与老师沟通孩子的兴趣爱好，或者帮助孩子在课堂上用合适的方式表达他的兴趣爱好。一名好的老师知道如何以兴趣来激励学生。例如，一个谱系障碍学生可能更愿意写主题为交通方式的文章，而不是他最近的假期，所以如果老师让他自己选择写作主题，他一定会文思泉涌。

特殊教育教师、言语-语言病理学家及教育专家可以提供这类帮助。如果你觉得孩子就读的学校没有给他学习的课程提供个性化选择方案，你可以在学生的个性化教育计划中阐明这些策略和优势。通过凸显学生优势的个性化教育计划，老师、学生和家长能认识到其强项，并将它作为成长思维模式的一部分。

有时自闭症学生必须送到特殊教育学校接受教育。这些学校的教师接受过专业培训，知道如何调整课程来发展这类学生的技能。其中一些学校还为学生提供一对一的帮助，并配备感官刺激更少和更舒适的空间，此外还提供咨询、职业疗法和言语-语言治疗等服务（普通公立学校也提供这类服务）。如果想把孩子送到特殊教育学校，你需要联系当地的学校董事会，可能还需要寻求律师的帮助。想知道更多信息，可以咨询"自闭症之声"（Autism Speaks，https://www.autismspeaks.org/family-services/tool-kits/iep-guide）等组织。在那里，你可以找到制订个性化教育计划的方法。

自闭症学生可以为课堂增色不少，他们同样能取得骄人的成就，特别是在科学、技术、工程和数学（Science, Technology, Engineering and Mathematics，STEM）相关的领域。此外，在艺术、音乐和设计等领域也可能人才辈出。许多自闭症学生有阅读障碍，并不说明他们不能在写作和文学等领域取得成就，有不少自闭症学生都沉浸在语言学习中。不过，他们更愿意进入STEM领域学习。例如，圣路易斯华盛顿大学的保罗·沙特克（Paul Shattuck）和他的同事研究发现：普通人群中有23%在大学里主修STEM领域的课程；而据估计，自闭症学生中有34%在大学里主修 STEM 领域的课程。

自闭症学生可以为科技领域的未来添砖加瓦，因为神经发育正常的学生通常不选择主修 STEM 领域的课程。当然，在课堂上，非常有必要为自闭症学生提供实质性的学术和行为支持，帮助他们发挥潜能。这么做一是出于人道主义，二是我们的社会和经济作为一个整体也会因这些学生对科学和数学的兴趣而受益。他们擅长发现规律的能力也能帮助雇主，从而增加求职竞争力。

发挥孩子的强项

父母和孩子的老师是帮助孩子在青春期发挥强项的最佳人选。虽然学校方面可能会专注于你的孩子面临的挑战，但一所适合的学校也会致力于发挥孩子的长处。

自闭症儿童优点明显，他们诚实，具备遵守规则的能力（尽管也有一些不理解或不遵守社会规则）、识别模式的能力，以及对他们感兴趣的话题深入研究的能力。然而，是鼓励学生发展兴趣还是鼓励他们顺应社会，有时两者会产生分歧。例如，在一所普通学校，一名患有高功能自闭症的八年级男孩想出了一个"地铁说唱"的主意，因为他被不同地铁列车上站点播报的声音所吸引。他的老师鼓励他表演说唱，但同学们对他的表演评价褒贬不一。许多同学都笑了，但他不清楚他们是善意地笑还是嘲笑。这个男孩被贴上了"地铁说唱歌手"的标签，直到他去了一所高中，那里有一个针对自闭症儿童的特别课程。

然而，有些办法可以鼓励自闭症儿童发掘天赋和发展个人喜好。在课堂活动中被分配特定的角色时（例如作为读者或计时员），谱系儿童通常表现良好，因为这类活动减少了他们对开放式任务的焦虑。他们也可以担任班级的拼写员或者像艺术家一样发挥才能的其他角色。例如，在一所普通学校九年级的户外障碍训练课上，学生必须赛跑或做一些"无意义"的练习，比如快速堆叠起许多塑料杯。然后，学生会邀请高功能自闭症学生加入自己的小组，负责为团队拍照。这是障碍训练中的另一项任务。这位"摄影师"表现非常出色，队员们纷纷赞赏他的艺术天赋以及为团队做出的贡献。

应用行为分析治疗法

应用行为分析治疗法对这个年龄段的孩子很有帮助。很多人认为这种方法只对年幼的孩子有效，其实对年龄较大的自闭症儿童也颇有成效。

杰拉尔丁·道森（Geraldine Dawson）和卡伦·布尔纳（Karen Burner）的研究表明，对自闭症青少年的行为进行干预，可以提高他们的社交技能和适应行为，减少攻击性和焦虑。研究还发现，在减少攻击性方面，行为干预加上药物治疗比单独用药更有效[1]。获取应用行为分析治疗师的信息，请访问行为分析师认证委员会的网站（https://www.bacb.com）。

应用行为分析治疗师可以帮助初高中的自闭症患者分解一天中纷繁复杂的任务。这类干预措施可以增强学生的信心，锻炼他们的独立性，同时减少挫折感。在初高中生的一天中，行为专家可以介入很多场景。看看以下这些场景：

▶ 由于精细运动技能受限，无法打开储物柜，学生很沮丧。

---

[1] https://www.kennedykrieger.org/patient-care/centers-and-programs/neurobehavioral-unit-nbu/applied-behavior-analysis/scientific-supportfor-applied-behavior-analysis

▶学生不知道如何在午餐桌旁就座用餐。

▶学生不堪噪声困扰，需要一个感到安全的地方休息。

▶学生无法跟上每天不断变化的时间表。

▶学生不知道如何拉近与其他同学的关系，同学们也发现他不愿跟别人打交道。

▶学生不知道如何打包第二天要穿的运动服。

在这些情况下，应用行为分析治疗师会帮助学生分解任务（例如列出打开储物柜的每个步骤）或创建一个学生可以遵循的列表，来培养他们的技能和独立性。

寄宿学校

有些情况下，有必要将患有自闭症谱系障碍的儿童或青少年送往寄宿学校，对父母而言做出这个决定并不容易。但如果孩子需要强化治疗支持或在家中攻击性太强，这个决定对家长和子女双方来说都是个不错的选择。此外，单亲父母或那些没有可额外提供帮助的人脉资源或者其他资源的人，也会做出这样的决定，因为他们很难在家照顾孩子。

如果家长决定把孩子安置在寄宿学校，需要考虑几个因素。你可以与一位支持并理解孩子的支持者合作，帮助你为孩子找到合适的学校。首先，该学校要提供全天候的医疗服务，以确保孩子的医疗和用药需求得到保障；其次，要提供由医生或心理学家监督的强化治疗支持。在孩子入学之前，工作人员应该向你提供一份量身定制的详细计划，明确该计划将如何满足孩子的治疗、医疗、认知和学业需求。他们还应该指导家长如何参与其中。你最好与学校的其他家长和孩子聊聊，了解一下该学校是否适合你的孩子。

维护自己的权益

沙特克及其同事发表在《自闭症研究与治疗》（*Autism Research and Treatment*）杂志上的研究表明，帮助自闭症学生独立所做的准备有两个重要组成部分：身份认同和自我效能感。前者对所有年轻人都很重要，它是一个基于种族、性别、民族背景、残疾身份来思考和完善自己身份的终身过程。这些与身份认同相关的不同因素也可以相互作用。例如，种族会影响谱系学生看待自己的方式。在沙特克和同事的研究中，有谱系障碍的黑人大学生在让别人倾听自己讲话方面具有较低的自我效能感，这说明并非所有学生在自我效能感方面都是相同的。种族和性别等其他因素也会影响谱系学生的自我效能感信念。自我效能感指的是人对自己在特定情境下能取得成功的信念。

与残疾有关的身份认同可能有点棘手，因为家长和老师都向自闭症学生灌输这样的观念：他们的认知和社交特征并不一定表示他们就是残疾。有大量研究表明被认定为残疾（包括自闭症）会有一些好处。但是，学生需要确实了解自己的需求，才能有主动寻求支持的意识，这会帮助他们在学业和其他环境中取得成功，学会独立自主。

培养初高中学生的自我效能感和独立性由几个组成部分，至少包括如下几点：

▶ 学生知道如何找到问题的答案。
▶ 学生在需要时会寻求额外帮助。

第三章 初高中非正式课程导航

▶学校能提供一些灵活的方案,比如学生在课间有更多时间适应课程安排;学生在餐厅或礼堂等人多嘈杂的地方可以戴上耳机。

▶确保教师和管理人员能听取学生的意见。

▶举报欺凌行为。

认知一个人的身份,比如一个人是否残疾,始于青春期,但这个构建认知的过程会持续一生。一些学生积极参与到自己的个性化教育计划定制会议和青春期过渡会议中(在美国,不同的州对青春期过渡会议开始的时间规定不一,更多信息参见第七章),从而获得帮助。如果学生最终参与了自己的青春期过渡会议的方案制订,那么他们也参与了对自己未来的设想和目标的设定,这无疑会增加他们实现目标的动力。

让孩子写下自己的个性化教育计划目标，对孩子、老师和家长来说都是一个非常重要的形成性体验。只有学生为自己制订目标，这个目标才有意义。家长和老师也会更具体地思考对学生来说什么更重要。

在这个过程中，家长要鼓励子女说出他们的需求，并指导他们如何提出来。孩子不应该只关注自己是否身患残疾，而应该学习如何寻求帮助。随着孩子逐渐长大，家长应尽可能促使孩子自己寻求帮助，这一点尤为重要。

为孩子提供帮助和指导他们自己寻求帮助，两者差别巨大。请对比以下场景。

场景 1：

一位八年级学生的家长去见老师，向老师解释她儿子考试没有考好的原因。接下来可以这样做：

——家长首先要求学生直接向老师解释，然后自己再与老师沟通。

——学生先与老师沟通，然后向家长汇报老师的话，以及自己在下次考试中需要做的不同事情。

场景2：

家长为孩子制订下学期言语-语言课的学习目标。接下来可以这样做：

——家长与学生协商制订适当的目标。

——学生深刻理解自己想要做什么和需要做什么，然后为自己设定新学期的目标。

场景3：

家长整理孩子带回家的所有文件。接下来可以这样做：

——家长和孩子一起把文件分类并放进正确的文件夹中。

——学生整理自己的文件,把它们放进正确的文件夹中。

现在我们重新思考一下这些场景。你可以把每个目标(学生逐渐学会独立)看作层层递进的过程,最初级的是家长管理。每个目标分为三个步骤,说明独立性的养成是渐进的。虽然我在走向独立的过程中给出了三个步骤的建议,但实际上不止三步。这个建议是让家长学会指导孩子,这样孩子就能了解自己的需求、目标和发展,并坦然地寻求帮助。孩子自己做得越多,自我效能感就越强,他们便会获得一种相信自己有能力处理接下来发生的任何事的信念。父母出于关怀总想深入孩子的各个方面帮助他,但他必须逐渐学会独立,这样日积月累,他才会在成年后自力更生。

为人父母

父母对孩子有一种天生的保护欲，避免孩子在走向成熟和独立的过程中受到伤害，尽管有些伤害是无法避免的。如果你的孩子还没准备好独立完成需要他完成的工作，那么他在向初高中过渡阶段可能会经受相当大的挫折。这时家长的第一反应肯定是放慢这个过程，保护孩子，不让他受到伤害，但是这个伤害最终还是会到来的。假以时日，在老师的帮助下，孩子会逐渐独立，你也可以逐步引导他自己完成。这项工作不会一蹴而就，而是一个循序渐进的过程。重要的是你要学会退后一步，引导孩子自己完成任务（例如不要帮他整理书包，引导他自己收拾书包），不要越俎代庖。

养育策略

○ 了解孩子就读的学校是否提供安全空间。孩子可以去那里寻求保护,免受过多的感官刺激,得到平静的感官输入。

○ 查看学校的日程安排,与孩子一起讨论当周或当天例行安排中可能发生的变化,例如考试日、实地考察和特殊集会。

○ 熟悉孩子的学习情况。自闭症孩子的常见优点包括善于阅读(解码)、拼写和数学,常见缺点包括语言处理障碍、书写技能不足、写作能力有限和注意力不集中。

○ 利用学校或其他相关信息网站找到有用的工具(如图形组织),帮助孩子练习写作。

○ 运用加州大学戴维斯分校心智研究所(UC

Davis MIND Institute, https://www.ucdmc.ucdavis.edu/mindinstitute）介绍的一些辅助技术，帮助自闭症孩子提升沟通能力。

○ 帮孩子想办法增强他的优势，并在课堂上发挥这些优势，但贸然行动也可能适得其反，让孩子被同龄人嘲笑。

○ 采用应用行为分析疗法来帮助孩子培养技能，让孩子自己处理在学校发生的多步骤或复杂的情况。这个疗法可以帮助自闭症谱系中任何年龄段的孩子。

○ 指导孩子学会支持和理解自己，这样可以促使他建立必要的身份认同和自我效能感，在成长中勇于提出自己的需求。

AUTISM AND YOUR TEEN
第四章

自闭症的一剂良药
——正确社交

拉斐尔（Rafael）在13岁的时候表现与其他青少年无异。他的情绪变化多端，喜欢跟父母唱反调。然而，他的兴趣并没有随着年龄的增长而发生变化。当同龄的孩子们都在听说唱音乐、对约会产生兴趣时，他仍然着迷于玩火车和看电视节目，而这些节目的目标受众原本都是六七岁的儿童。他最开心的是观看动画片《史酷比》（*Scooby Doo*）和《汪汪队立大功》（*Paw Patrol*），以及摆弄他的小火车。他对自己的外貌完全不感兴趣。他就读于一所普通学校，父母不清楚他是否曾被同学霸凌，但很明显，从来没有同学邀请他到校外一起玩耍。

德斯蒂妮（Destiny）一直以来是个书虫和电影迷。但15岁时，她决定通过看电视来了解如何成为一名青少年。她观看了《绯闻女孩》(*Gossip Girl*)、《喜新不厌旧》(*Black-ish*) 和《美少女的谎言》(*Pretty Little Liars*) 等影视剧，从中了解青少年的生活。她试图模仿电视剧中的人物装扮和行事风格，浓妆艳抹，对男孩子品头论足。她还在社交网络平台"脸书"（Facebook）上发布一些非常私人的信息。结果，她冒犯了别人，也让自己在社交场合变得非常尴尬。

青春期的挑战以及被孤立的风险

自闭症儿童进入青春期后，往往对社交和建立社会关系变得很感兴趣。然而，他们的心智（理解他人观点的能力）发展相对不成熟和不健全，很难融入同龄人的社交圈。

自闭症儿童不擅长玩想象力游戏或社交游戏，随着年龄的增长，这些缺陷会继续影响他们的生活。低年级的自闭症儿童与同龄人一起玩耍是理解高年级同学更复杂的社会交往的前奏。虽然患有自闭症谱系障碍的高功能学生通常对参加社会活动更感兴趣，但他们仍然会有一些影响社交的较大障碍，且他们的社交实践比同龄人少。

许多自闭症青少年越来越意识到他们被社会边缘化，这让他们感到更加孤独、焦虑和抑郁。此外，他们也有被霸凌的风险。低功能自闭症儿童被安排在特殊教育教室里，在那里他们会受到保护，某种程度上可以避免受到神经发育正常的同龄人给予的社交压力。但那些患高功能自闭症即将进入青春期的青少年往往生活在普通环境中，他们会意识到自己的社交缺陷，而这也令他们痛苦不已。这类孩子往往特别聪明，他们会因为不能达到同龄人的标准而导致自尊心受到打击。对谱系青少年来说，社交媒体和互联网的危害被放大了，他们可能在互联网上发表不当言论，或者不与其他孩子在线互动，这让他们更容易被社会孤立（有关互联网安全的更多信息，请参阅第六章）。

据我观察，有些自闭症儿童不想长大，他们抵制一切青少年的活动，依然对儿童游戏感兴趣。他们喜欢与更小的孩子一起玩，或者刻意奶声奶气地说话，好让自己看起来稚气未脱。另一部分自闭症儿童则对青少年的世界不屑一顾，并在整个青春期表现出一副少年老成的样子。就像本章开头的小故事讲述的拉斐尔一样，他们谈"青春期"色变。他们不理解青少年随着时间不断流逝而发生的微妙变化，而是以为可以一夜之间长大成人。他们需要读一些社交故事来理解人是如何随着时间的推移而缓慢变化的，即使是患有高功能自闭症的孩子，也可能无法直观了解青春期的变化。

最后，还有一部分患谱系障碍的青春期前的青少年会对社会互动产生兴趣，就像本章开头提到的德斯蒂妮一样，他们会尝试用流行的社交媒体或一些刻板行为来适应同龄人。尽管许多青少年（包括没有自闭症的青少年）依赖于刻板行为或将他们的行为建立在社交媒体（包括节目或杂志）的基础上，但自闭症青少年没办法正确区分这些刻板类型，生搬硬套使用起来就会不得要领。

社交技能训练

患有高功能自闭症的青少年仍然会存在许多影响较大的社交障碍，比如无法进行眼神交流，无法进行互动对话，不知道如何回答问题。这种社交技能缺陷会影响他与同龄人和成年人的互动。他们也可能存在情绪调节异常以及不知道如何交朋友的问题。他们需要接受明确的社交技能训练，否则这些问题在成年后也会一直存在。

珍妮·谢（Jeanie Tse）及其同事的研究表明，针对自闭症的社交技能培训往往注重三个方面。这些类型的训练针对的是语言能力较好、相对高功能的自闭症青少年。第一种类型的训练包括使用社交故事或其他手段使非正式课程的隐性社交规则更加明确（就是使那些正常人容易理解但自闭症患者可能不理解的社会规则更加明确和清晰）。第二种类型的训练包括"社交步骤分解"，即帮助自闭症青少年分析社交情境，并通过正强化训练促进他们学习。其他干预措施还有使用社交对话脚本的方式来帮助他们练习社交情境或参与社交活动，如角色扮演，以提高心智水平。据英国自闭症研究者西蒙·巴伦-科恩的研究成果，心智训练主要帮助自闭症患者识别情绪，并理解更复杂的心理状态，如撒谎和幽默。在这个训练中，首先参与者需要识别情绪，然后指导他们在日益复杂的社交和情绪环境中辨别他人的感受。

不同类型的社交技能训练针对的是社交互动的不同组成部分，从眼神交流到开始交谈，到倾听他人，再到约会技巧。研究表明，社交技能训练可以帮助到患有相对高功能自闭症的青少年。在某些情况下，接受这种训练的青少年可以将他们学到的社交技能应用到现实生活中。加州大学洛杉矶分校开发了一个"关系技能教育和丰富项目"（Program for the Education and Enrichment of Relation Skills, PEERS），这个项目在教授青少年社交技能方面行之有效。和其他类似的项目一样，该项目提供了社交互动的现场模型。采用面对面和实时交流的形式，培训者和受训者处在同一个房间里。这项由米歇尔·加西亚·温纳（Michelle

Garcia Winner）和帕梅拉·克鲁克（Pamela Crooke）开发的社交思维课程帮助人们理解他人的行为、思想和情感，以实现其社交目的的方式做出有效反应（更多信息请访问 https://www.socialthinking.com）。

然而，由于自闭症的根源就是渴望系统性，因此对于接受这种类型培训的青少年来说，很难灵活应用这些技能。也就是说，患有自闭症的青少年喜欢遵守规则，习惯于学习那种适用于所有情境的硬性规定，但现实生活中复杂且快节奏的社交情境与他们学习的规则和对话脚本差异甚大。因此，尽管一些较基本的技能（眼神交流、练习问候）可以推广到其他情境，但自闭症患者很难在更复杂的情境中灵活使用那些社交训练技能。因此，你和孩子还可以使用其他策略，例如视频教程，在下文中将进行介绍。

视频教程

根据玛乔丽·查洛普-克里斯蒂（Marjorie Charlop-Christy）及其同事的研究，视频教程已被证明是向自闭症儿童教授行为技能的一种有效方法。研究表明，跟接受前文描述的社交技能培训的自闭症儿童相比，观看视频和真人演示的自闭症儿童学习效果更佳，也能更好地将学到的技能运用到现实生活中。研究还表明，不管是患有低功能自闭症还是高功能自闭症的儿童，都可以从视频教程中获得收获。但是他们观看真人演示时，并不能将所看到的诸如打招呼、交谈、独立游戏、自己刷牙等技能推广或应用到现实生活中。

基于此，研究人员提出了一个假设，视频教程比真人演示更有助于自闭症儿童的学习，因为真人演示时自闭症儿童可能被现场某些元素分散注意力，比如因模特的衣服而分心，不关注模特的目标行为。他们还认为，视频教程可以提高孩子学习和应用技能的动机。因为自闭症儿童把观看屏幕和休闲联系在一起，他们喜欢在电视或电子游戏中听到重复的单词和短语。

电子游戏成瘾

虽然视频教程可以帮助孩子学习，但孩子沉迷于视频游戏会让父母感到沮丧。如果你的孩子花更多的时间玩电子游戏或者看电视和电影，而不是与同龄人互动或参与其他活动，他其实并不是唯一一个存在这种问题的人。这是自闭症儿童普遍存在的问题。

有研究表明，一个家庭里自闭症儿童比其他正常的兄弟姐妹更容易对电子游戏上瘾。这表明是自闭症本身的影响导致孩子极有可能沉迷于电子游戏，而不是家庭背景的原因。在一项对患病儿童兄弟姐妹的调查中，患有谱系障碍的儿童花在电子游戏和电视上的时间比花在所有其他活动中的时间还多。男孩平均每天花 2.4 小时玩电子游戏（正常发育的兄弟为 1.6 小时），女孩平均每天花 1.8 小时玩电子游戏（正常发育的姐妹为 0.8 小时）。但是，他们不怎么关注社交媒体或玩涉及社交互动的电子游戏。

电子游戏极大地强化了自闭症儿童掌控现实以及用规则来处理现实问题的倾向。这些倾向诱导他们沉迷于电子游戏，而电子游戏反过来又强化了这一倾向。研究还表明，沉迷于电子游戏的自闭症男孩在注意力和对抗性行为方面也存在问题，他们尤其不擅长角色扮演类游戏。

这些研究的主持者、弗吉尼亚大学教授迈卡·马祖雷克（Micah Mazurek）等研究人员认为，电子游戏可以成为自闭症儿童学习社交技能的一种方式，不过这一领域的研究尚在发展中。像《摇滚乐队》

（Rock Band）这类电子游戏，要求玩家共同合作，担任不同乐手，组建模拟乐队。玩家必须进行合作和互动，这只是其中一个例子。想要知道其他同类型的互动游戏，家长可以查询"常识媒体"（https://www.commonsensemedia.org）这类注重社交技能的网站。常识媒体网站会提供游戏概览，对游戏的暴力程度和游戏立意进行评级，帮助家长了解电子游戏（以及其他形式的技术）。但是应该牢记，电子游戏不可能取代实际的社交互动。

很多家长也像你一样，正在努力减少孩子玩电子游戏的时间。有个方法是用电子游戏作为你想强化的其他行为的奖励，如与他人社交。举个例子，如果你的孩子努力参加俱乐部会议或体育比赛，则奖励他在规定的时间内玩一会儿电子游戏。或者，他邀请朋友到家里玩，那么他们也可以玩一会儿电子游戏。这类活动给了孩子去做什么的明确指示，他也会将这个指示与同伴分享。一起在线玩游戏（你的孩子和其他地方的孩子一起玩）不属于社交形式，但你的孩子与另一个人在同一个房间里玩电子游戏，让他们组团玩游戏，则是一种社交技能的训练。

提高社交技能的点对点策略

学校可以将自闭症学生与正常发育的伙伴进行配对，帮助他们度过校园生活。有了朋友的陪伴，自闭症儿童在更换教室时会有安全感，午饭时也会有伙伴。学校也会提供一些针对神经发育正常的孩子的训练，这样他们就知道与自闭症孩子交往时如何给他们提供安全感。

高功能谱系儿童可以通过参加他们喜欢的活动找到志同道合的伙伴。比如戏剧俱乐部，那里对儿童的不同行为和能力的容忍度更高，而不喜欢表演的孩子

第四章 自闭症的一剂良药——正确社交

可以担任舞台管理员，或者设计服装或布景。女童子军和男童子军也可以为自闭症儿童提供活动项目。

一些社区也会开展包容性强的运动项目，这样自闭症患者就有机会参加。一些自闭症儿童不擅长剧烈的动作技能，但也有孩子运动能力不错，尽管注意力和社交理解问题可能影响他们在团队中的发挥。今天，那些发育正常的孩子也可能自小就专注于一项运动，并参与竞争激烈的团队，比如参与球队选拔。许多人认为，这些团队使孩子面临过度训练的伤害和情绪问题（如倦怠和抑郁）的风险，也使得一些需要更多支持才能理解游戏规则的孩子无法参与，不像过去熟悉的社区体育环境了。

罗伯特·科格尔（Robert Koegel）等人的一些研究表明，一些患有自闭症的高中生基于自己的兴趣成立了俱乐部（比如电影、篮球或电子游戏），取得了不错的效果。通过与发育正常的同龄人一起参加这些俱乐部，自闭症学生可以提高他们与同龄人交往的水平，并提高进行社交活动的主动性。这些活动通过让青少年在自己感兴趣的领域与同龄人接触来很好地激发他们的积极性，并且这些活动有详细的分解步骤，由成年人参与调解。因此，与其他开放式社交活动相比，这类活动需要较少的动力和灵活性。

之前的研究表明，自闭症青少年的兴趣爱好是与同龄人交往的最佳渠道。他们互动的方式并不重要，重要的是他们选择了一些能够使自己与同伴一起参与的东西。即使你的孩子最爱玩电子游戏，也可以通过与同龄人一起参与游戏而建立联系。

在这一章开头的故事中，德斯蒂妮在学校的戏剧社从事化妆工作。戏剧老师教她化妆，而她也能够与戏剧俱乐部的小演员和小管理员打交道。她学会了用更真实的方式与他人互动，而不是依赖电视节目中展现的那种对青少年的刻板印象。

阅读文学作品有助于提高社交技能

如第三章所述,阅读文学作品对自闭症儿童来说障碍重重。虽然一部分人能品鉴文学作品,但有些人却很难理解虚构人物的社交动机。西蒙·巴伦-科恩和他的同事在1985年进行了一项测试幼儿心智的实验,实验结果说明了其中的原因。这项实验名为"萨莉-安妮测试"(Sally-Anne test,以研究中使用的玩偶名字命名)。实验中的三组儿童(神经发育正常儿童、唐氏综合征儿童和自闭症儿童)观察两个玩偶。实验人员展示了一个玩偶把一个弹珠放进篮子里,然后另一个玩偶把这个弹珠转移放进盒子里。随后,孩子们被问到第一个玩偶会去哪里找弹珠。神经正常发育的儿童和患有唐氏综合征的儿童都能说出或指出第一个玩偶装弹珠的篮子。只有自闭症儿童(在实验中，他们的实际年龄比神经正常发育的儿童大）表示，第一个玩偶会在盒子里寻找弹珠。

这项研究指出，自闭症学生不具备换位思考的能力，不懂得如何理解和欣赏文学作品，而这恰恰是读懂文学作品所必需的。但是，在得到支持和帮助的情况下，阅读文学作品可以很好地帮他们提升参与社会互动的能力和想象力。黛安娜·塔米尔（Diana Tamir）等人的研究表明，阅读小说可以改善自闭症儿童与青少年的心智模式；读的小说越多，心智越成熟。阅读小说时，读者可以以一种身临其境的方式走进主角的内心世界，但观看电视节目和电影通常不会给人这种感觉，因此多阅读文学作品可以提高理解他人观点的能力。

为谱系障碍青少年选择合适的书籍是一件难事，你可以寻求学校或城镇图书管理员的帮助。现在市面上也有很多可圈可点的青少年小说，有的故事的主人公患有某种形式的自闭症。其中最打动人心的是凯西·胡普曼（Kathy Hoopmann）创作的《蓝瓶之谜》(*The Blue Bottle Mystery*)，充满了幻想和现实元素，因为故事主人公要处理患有阿斯伯格综合征的痛苦经历。故事中有一个情节是主人公因为老师折断了他的特殊尺子而大发脾气，患有自闭症的读者对此可能会感同身受，理解主人公的所作所为。

社交作为向成人生活过渡的重要性

社交技能培训是必不可少的，因为患有谱系障碍的青少年不懂如何与同龄人交流，那么成年后他有可能会感到被孤立。学习如何参与社交互动有助于他们过渡到成年人的生活，无论是工作还是上大学，学习融入群体和社会与获得学术成就一样，都对他们的人生起着至关重要的作用。青少年时期没有学会社交的谱系障碍青年，在学生时期结束后，会感觉越来越被孤立。

为人父母

父母很难分辨什么时候该给孩子施加压力，什么时候该接受孩子的个性。许多谱系青少年很难改变观点，他们满足于被孤立，不想参与社交活动。这种态度会让父母很为难。一方面，父母知道社交可以帮助孩子从青少年时期顺利走入成年期，更好地融入社会。另一方面，如果孩子根本不想或不知道如何参与社交活动，父母也很难勉强他，应想办法推着他往前走，引导他在感兴趣的领域进行社交活动（比如游戏、艺术或戏剧）。这样的话，孩子可能会感觉更舒服，并且不那么抗拒和同龄人在一起。

第四章　自闭症的一剂良药——正确社交

养育策略

○ 当鼓励孩子与同龄人联系时，你最好限制他对互联网和社交媒体的使用，因为过度使用社交媒体会加剧他的孤立感，会为他如何与其他人交往提供一个糟糕的社交渠道。

○ 为了帮助孩子，你可以尝试社交技能训练、视频教程，或同时使用几种方法。想了解社交思维训练的具体方法，请查看这个网站（https://www.socialthinking.com）。

○ 如果孩子玩电子游戏，你可以参考一些媒体对游戏的评级来帮助筛选，比如"常识媒体"上的游戏评级。建议选择那些具有正向价值观、基于社会道德准则的游戏。你还可以鼓励孩子邀请朋友到家一起玩游戏。虽然是电子游戏，但面对面一起玩也需要社交。

○ 鼓励孩子在午餐活动或他感兴趣的课后俱乐部上增加社交互动。

○ 让学校或公共图书管理员给你推荐题材多样、能够接触到不同视角从而换位思考的青少年图书。你可以和孩子一起阅读小说并与他进行讨论,通过提问的方式帮助孩子理解人物的心理,比如:"为什么这个人在朋友把她的秘密泄露给别人后会感到不安呢?"

AUTISM AND YOUR TEEN

第五章

为孩子寻找医疗保健服务

大卫（David）18岁时，他的母亲珍妮（Jenny）不得不把他送到医院做紧急阑尾切除手术。虽然他一个月前刚满18岁，但医院的工作人员还是不允许母亲陪他进入诊室，因为他已经是成年人了。然而，大卫有语言障碍，没办法向医生和护士表达他的需求或病史。

5岁时，特雷弗（Trevor）在乡下小镇接受医生的治疗。当特雷弗晚上睡不着时，医生给他开了一种抗组胺药帮助他入眠，但他经常在两小时后就醒来，并伴有盗汗和啼哭。特雷弗打手语告诉父母，他常常晚上感觉胃很难受。父母认为他是因为食用奶制品导致胃部不适，才在抗组胺药药效过后醒来。从特雷弗的食谱中去掉奶制品后，他的睡眠得到了极大的改善，可以停止服用药物。但是，特雷弗现在成了一名青少年，在学校他有选择食物的自主权，他还是会吃一些加重他肠胃负担的食物。虽然父母警告他不要选择这类食物，但特雷弗只是偶尔听从他们的建议。

找到合适的医疗护理

专家们从全国健康访谈调查的数据中发现，患有自闭症谱系障碍的儿童健康状况比较复杂，但他们的初级保健医生并不一定能满足这些多样的健康需求。研究还发现，自闭症儿童与其他儿童相比，对健康和精神的需求更高，此外也会有因健康问题导致的行为失调，这就造成自闭症儿童的医疗保健需求往往得不到满足。本章将帮助你应对自闭症青少年可能会出现的健康相关问题。

自闭症儿童与青少年的常见医疗保健状况

除了第二章中讨论的精神疾病，如注意力缺陷/多动障碍、焦虑、抑郁和强迫症以外，自闭症儿童与青少年还可能出现一些其他的健康问题，这反过来又会加重与自闭症相关的行为和其他症状。

据调查，46%~85%的自闭症儿童有胃肠道问题，包括便秘和腹泻[1]。在卡罗利·霍瓦特（Karoly Horvath）和杰伊·珀曼（Jay Perman）进行的一项研

---

[1] https://www.autismspeaks.org/sites/default/files/docs/about_autism_0.pdf

究中，有84.1%的自闭症儿童至少会出现一种胃肠道症状，包括腹泻、便秘、嗳气等。而在他正常发育的兄弟姐妹中，这一比例为31.2%。在同一项研究中，有半数的自闭症患者有睡眠障碍，而在他们的兄弟姐妹中，这一比例只有6.8%。这表明胃肠道问题可能也会导致睡眠障碍。

食物过敏是否会导致或加重自闭症，科学家正在研究这个课题。一些研究发现，自闭症儿童的食物过敏和呼吸道过敏的程度会升高。虽然这一研究还没有定论，但保罗·惠特利（Paul Whiteley）和他的同事的研究表明，自闭症患者吃无麸质或无酪蛋白时状态比较好，而牛奶中就含有酪蛋白。自闭症与营养成分之间的关系正在研究中，可能很快就会得出一些研究结果，帮助医生为自闭症患者更好地搭配饮食。

肠胃问题有时会导致攻击性行为，因为自闭症儿童很难表达他们的感觉，或者这些消化问题可能导致他们采取一些自我安慰的行为，比如会摇晃身体以让自己感觉舒服一点。如果你发现孩子有便秘、腹泻、腹部疼痛或频繁呕吐等症状，请转诊到胃肠科，最好能联系上熟悉自闭症谱系障碍的胃肠科医生。有时，解决了肠胃问题就可以减轻自闭症症状，减少孩子的攻击性行为。

应用行为分析治疗师一直喜欢用糖果等零食来激励和奖励孩子。但是，这些零食会导致体重增加，特别是孩子在服用治疗谱系儿童行为问题的药物时，这类食物容易导致食物过敏或增加肠胃负担，使胃肠道问题恶化。因此，有时候奖励孩子可以用其他方式，比如看视频、玩电子游戏或玩蹦床（或任何他们感兴趣且安全的东西）。

谱系儿童与青少年也可能会皮肤发炎或过敏。自闭症患者患湿疹和其他皮肤病的可能性是正常人的 1.6

倍[2]。湿疹和其他皮疹可能是潜在的食物过敏的征兆。如果谱系障碍儿童出现这类问题，请家长找在治疗谱系儿童方面有经验的免疫学家或过敏症专家问诊。

睡眠问题在自闭症儿童与青少年中也很常见。许多青少年的生物钟是晚睡晚起模式，但这种模式会逐渐侵蚀自闭症儿童的健康。睡眠不足或睡眠质量差会加重青春期自闭症的症状，如变得更加喜怒无常、注意力分散和具有攻击性。前文提到过胃肠道疾病会导致睡眠障碍，如果你认为肠胃问题可能会影响到你的孩子，请咨询对自闭症治疗有研究的胃肠病学家。请多观察孩子，即使是高功能的自闭症儿童，也不一定总能清楚地表达自己的情绪和身体的感觉。

此外，许多治疗自闭症患者精神问题的药物也

---

[2] https://www.autismspeaks.org/what-autism/treatment/treatmentassociated-medical-conditions

会影响睡眠质量和睡眠模式,如选择性血清素再摄取抑制剂(selective serotonin reuptake inhibitors, SSRIs, 一种常见的抗抑郁药)和治疗多动症症状的兴奋剂药物。你如果担心这些药物会对孩子产生影响,可以与家庭医生或精神科医生协商改变孩子服药的时间或剂量。有些药物如果在早上服用,就不会造成失眠。

如果孩子难以入眠或睡觉不踏实,你应该跟医生沟通,看是不是由健康问题引起的。医生还可以帮你的孩子建立良好的"睡眠卫生",这指的是设定有规律的入睡和起床时间,建立促进良好睡眠的习惯,如至少睡前一个小时关掉电子产品,远离电子屏幕,把手机等电子设备从卧室拿走,因为它们发出的亮光可能会影响入睡。此外,如果条件允许,孩子可以在睡前一小时做一些舒缓的活动,比如洗澡或吃零食,同时避免压力过大。睡前服用一种名叫褪黑素的草药补

第五章 为孩子寻找医疗保健服务

充剂，对缓解自闭症青少年儿童的睡眠问题非常有效。给孩子添加褪黑素之前，请咨询专业医生。

如第二章所述，自闭症儿童患癫痫的风险也在增加。据估计，高达30%的自闭症患者患有癫痫，而在神经正常发育的人群中，这一比例仅为1%~2%。一般认为，智力残疾的人易发癫痫，癫痫高发时期为学龄前和青少年时期。症状表现为眼神呆滞、肢体抽动、肌肉僵硬、退行（回到早期发育阶段）、攻击性强和睡眠障碍。如果你怀疑孩子患有癫痫，请咨询你的家庭医生，他会将你介绍给神经科医生。在那里孩子会接受脑电图检查，就是把电极设备放在头部监测大脑活动。如果孩子需要做这种检查，可以在检查前给孩子讲一个类似的社交故事，然后用肢体或者行为方式告诉接下来要发生的事，这样可以帮孩子理解和做好心理准备，更好地配合医务人员检查。

如何找到合适的医生

虽然自闭症儿童与青少年有额外的医疗保健需求，但这些需求往往得不到满足，因为自闭症初级保健医生水平有限，需要进一步培训才能满足患者的护理需求。波士顿、新泽西和明尼阿波利斯等地区为自闭症儿童和成年人提供了医疗保健设施，因此闻名遐迩，备受好评。找到治疗自闭症的儿科医生很难，找到治疗成人自闭症的初级保健医生更难。

如果你要为孩子寻找合适的医生，无论是初级保健医生、专科医生还是精神科医生，一定要与医生面谈，以确保他们有治疗自闭症患者的经验。为孩子提供医疗护理的医生不仅要了解自闭症的核心症状，还应了解伴随着孩子年龄的增长可能出现的一些常见的医学和心理症状，这些症状可能会同时出现。医生对

第五章 为孩子寻找医疗保健服务

自闭症的了解应该是动态的、发展的，这样才能预测和治疗孩子成长过程中出现的变化。如果医生也能了解你和孩子的文化背景以及护理孩子的其他注意事项，比如宗教、种族、性别、性取向等，那么看诊过程就会轻松很多。

以下是你可能想问未来的医生的一些问题：

▶您以前治疗过患有自闭症的青少年吗？

▶如果我的孩子需要额外的帮助，您可以为我推荐哪些类型的资源和服务，这些服务是否包括在保险范围内？

▶您能给我们这些患者父母提供哪些支持和指导呢？比如，您是否有时间给我们电话指导，或者抽空在预约间隙见面指导呢？您的指导额外收费吗？

▶您对药物的看法是什么？（例如，一

些医生不会直接用药，而是在患者服药前进行行为或心理干预。)

以上问题只是举例。你也可以提出其他问题，评估医生是否有治疗自闭症青少年的经验，以及他是否可以定期与你沟通。此外，你可以询问他的治疗计划和理念，从而了解他与孩子相处的方式。

请记住，当孩子年满18岁时，父母和看护人将不再参与孩子的医疗保健决定。即使孩子的发育年龄落后于他们的实际年龄，也是由他们自己做主。如果你对孩子是否有能力自己做医疗保健决定持怀疑态度，想帮助他，你要申请成为他的法定监护人。法定监护人身份可以帮助孩子决定他的医疗保健方案（在第七章中有更多关于成为法定监护人的信息）。

第五章 为孩子寻找医疗保健服务

住院治疗

不幸的是,与其他儿童相比,自闭症儿童住院治疗的情况更常见。丽莎·克瑞翁（Lisa Croen）及其同事的一项研究发现,患有自闭症的儿童因精神原因（包括自残行为和攻击性行为）住院的可能性是其他儿童的6倍。部分自闭症儿童因神经系统错乱入院,如癫痫发作,还有常见的因胃肠道不适或其他症状而入院。近年来,自闭症儿童的住院率只增不减,尤其是有精神问题的青少年[3]。这种住院率上升的现象可能是由于缺乏帮助患有自闭症的儿童与青少年的社区资源,比如缺乏临时护理。此外,这一趋势也表明,社区和学校需要对自闭症儿童提供更大的帮助,以减少

---

[3] https://www.ncbi.nlm.nih.gov/pubmed/17975720

他们住院治疗的概率。

如果孩子住院,父母一定要告知医院的工作人员应该如何安抚他,以及容易引发他不适的因素。工作人员还要警惕孩子的危险行为。此外,自闭症儿童住院还需父母或其他看护人照料并辅助儿童服用药物。一张可视化时间表或设定奖励规则有助于患者按时服药和乖乖接受治疗。医院工作人员可以为患者提供一些安抚物品,如加厚毛毯等,起到安抚情绪的作用。

国家医疗保健条例

美国各州在支付与自闭症有关的医疗保健费用方面各不相同。马萨诸塞州的福利条款是最吸引人的。该州法律规定,医疗保健公司不能为自闭症相关服务的费用设定年度或终身限额,该限额不得低于治疗生理疾病的限额,也不能限制自闭症患者使用相关服务

第五章 为孩子寻找医疗保健服务

的次数。没有限制自闭症医疗保险报销上限的州还有加利福尼亚州、印第安纳州和明尼苏达州。新泽西州在自闭症患者的医疗保健方面也提供了慷慨的福利。有些州提供了不错的医疗保健福利，但是有所限制，比如宾夕法尼亚州和纽约州。有些州为提供自闭症服务设定了年龄上限，如最大到21岁或16岁。有些州有法律强制机构提供一些服务，比如应用行为分析，但是这样的机构很少，排队等待的患者名单很长。此外，在一些州应用行为分析供应商不接受医疗补助计划（医疗白卡）。

有些家庭决定搬到另外的州，以获得更好的自闭症相关服务。尽管这个决定是综合考量诸多因素的结果，但对许多家庭来说，最重要的因素是提供的服务是否会让孩子有所收获。在考虑搬家时，许多家庭会权衡生活成本和自闭症服务的可获得性，据说许多人选择搬到宾夕法尼亚州（尤其是匹兹堡附近），因为那里服务设施齐全，且生活成本较低。

2011年"自闭症之声"的一项调查显示，纽约、洛杉矶、芝加哥、克利夫兰、费城和波士顿等大城市是自闭症患者最适合居住的地方。新泽西北部、西雅图、明尼阿波利斯、圣保罗和密尔沃基也在自闭症患者居住的前10名之列，排名最低的州包括得克萨斯州、弗吉尼亚州、田纳西州、俄亥俄州、佛罗里达州、密歇根州和加利福尼亚州。排名评分标准包括教育和其他公共服务、临床及医疗护理和娱乐活动等项目。那些在排名靠后的州居住的患者表示，他们必须长途跋涉才能获得服务，而且居住地缺乏医疗和娱乐活动。全国各地的人大都提出临时护理紧缺的问题。

在农村地区，与自闭症谱系障碍相关服务的可获得性值得特别关注。研究表明，农村地区的家庭在获得自闭症诊断和治疗方面面临困难。如果你住在农村地区，缺乏自闭症相关的服务，你还有机会从"社区健康保健成果扩展"计划（Extension for Community Health Outcomes, ECHO）获得远程医疗帮助。该计划提供来自尖端医疗保健组织专家的帮助，例如密苏里大学汤普森自闭症和神经发育障碍中心、范德堡大学、罗切斯特大学和波士顿地区的卢里自闭症中心等，通过视频会议为一些农村和未得到足够关注地区的当地医疗保健服务机构联系，以提供远程指导。这只是远程医疗保健计划中的一个例子，这类计划使患者在家中就能获得自闭症专家的诊治。

牙科保健

对于患有自闭症的儿童来说，牙齿护理是很困难的，且这个难题会一直持续到青春期。与自闭症有关的感觉和味觉障碍会使自闭症儿童抗拒刷牙。一些自闭症儿童甚至长到青少年都很难自己完成刷牙,父母还要继续帮助他们,如给他们提供计时器,以确保他们的刷牙时长,而不是草草了事。此外,还给他们提供刷牙的步骤图。如果孩子有应用行为分析治疗师,他可以帮孩子学会独立刷牙。

"自闭症之声"是个为自闭症患者提供资源的公益组织,提供自闭症儿童看牙医的注意事项,以及牙科专业人员治疗自闭症患者的注意事项[4]。建议你提前与牙医办公室沟通孩子的情况,让他们更了解你的孩子。此外,如果你不希望问诊时等候时间太长,请提前预约时间。

---

[4] https://www.autismspeaks.org/sites/default/files/documents/dentalguide.pdf

第五章　为孩子寻找医疗保健服务

牙套和正畸

带牙套和正畸会给青春期前的儿童与青少年带来一些特殊的问题。因此，在带孩子去正畸前务必让他了解即将发生的事。这些信息可以用社交故事的形式呈现。父母应提醒正畸医生在给孩子治疗时关注可能引发孩子的身体不适和对治疗过程中的任何不适异常敏感的反应。此外，随时与孩子沟通，让孩子尽量表达治疗过程中的不适感。

有些父母可能会觉得自闭症青少年的牙齿整齐与否并不重要。有时父母会选择不矫正牙齿，因为他们知道孩子戴牙套和固位器会非常难受。此外，正畸的费用很高，对于那些需要支付高额的医疗保健、应用行为分析治疗师和精神治疗费用的家长来说，可能没法负担牙套的费用，所以他们会放弃牙齿正畸。如果你决定不为孩子正畸，相信自己这个时候做出的一定是最适合他的选择，而整齐的牙齿固然很重要，但此时孩子更需要其他治疗。

为人父母

在孩子成长的每一个阶段都需要找到专业的医疗人员，他们既了解孩子的需求，也拥有过硬的技术，能准确判断治疗过程中孩子发生的生理、心理和其他因素的变化，但是找到这样一位医生并不容易。毫无疑问，这会给父母增加负担，但是反过来想，这也保证了孩子得到正确医疗护理的机会。

在寻找专业医生时，你一开始可能觉得没必要问这么多问题，但在孩子成长的这个阶段，你已经能够判断你和孩子与什么人更投缘。有越来越多的专业人士接受过照料自闭症患者的培训，他们具备护理的专业知识，且愿意给你和孩子更多的时间，对你们帮助更大。例如，一个好的医生应该不吝惜时间向孩子解释治疗程序，用直白的语言描述也好，讲社交故事也好。这样的医生才是好医生。医生不应该认为这种个性化的服务是分外之事，而应该把它作为与自闭症青少年及其家庭良好沟通的一部分。

养育策略

○ 你要从治疗自闭症儿童与青少年方面知识渊博且经验丰富的专业人士那里寻求医疗方案和治疗护理。

○ 在开始与未来的医生合作之前，你要准备好一系列的问题咨询他们。

○ 如果孩子住院了，你一定要向医护工作人员解释孩子的行为以及如何安抚孩子。

○ 了解你所在的州能提供的自闭症相关服务。一些州要求雇主支付应用行为分析治疗费用，而另一些州则不要求雇主支付应用行为分析治疗费用，或者设定保费的上限或年龄限制。

○ 国内各地区在提供医疗和行为护理专业人员方面也各不相同。你如果住在偏远地区，可以考虑远程医疗。

○ 要了解与自闭症相关的健康和精神问题会如何影响自闭症的主要表现症状。例如，如果孩子有肠胃问题或睡眠问题，请家长及时为孩子治疗。

○ 如果孩子正在看医生或需要住院，你可以通过提前讲社交故事或播放视频的方式让孩子了解治疗流程，同时也让相关工作人员了解孩子的需求和禁忌，从而简化看病过程。可在"自闭症之声"和其他类似网站上查找检查、治疗相关的社交故事，并讲给孩子听，帮助孩子为看病或看牙医做好准备。

第五章 为孩子寻找医疗保健服务

○ 提前为孩子联系好牙科或做正畸手术，并让工作人员知悉孩子的情况，以便一切顺利进行。

AUTISM AND YOUR TEEN
第六章

性教育、安全和自我照顾

菲利克斯（Felix）今年 11 岁，他非常友好，喜欢和在当地公园遇到的每一个人打招呼。一天，他遇到了一个 15 岁的男孩，这个男孩似乎被菲利克斯惹恼了。当菲利克斯一直试图让这个男孩参与一场篮球比赛时，男孩抓住他的私处并威胁他。菲利克斯因为这件事受到了创伤，再也不去公园了。

朱利安（Julian）是一个英俊的 16 岁男孩，患有高功能自闭症，他表现得比实际更老练。一个女孩在社交网站"照片墙"（Instagram）上给他发了一张自己的裸体照片，结果他将其转发给了同年级的其他学生，并认为这只是个玩笑，最终他因性骚扰被学校停学。

当格蕾丝（Grace）第一次来月经时，她不知道怎样在学校使用卫生巾。她需要一些助手的帮助，告诉她什么时候该换卫生巾以及如何使用。最好她能和助手制订一个时间表，这样她就能在经期照顾好自己了。

约会和性教育

在美国，对于自闭症孩子的父母来说，没有比约会和性接触更令人担忧的话题了。自闭症儿童很难理解约会和性接触带来的那种复杂而微妙的情境。在当今社会，传统的男女交往模式不可避免地受到质疑。因此，约会变得比以往任何时候都要复杂且微妙。与此同时，患有自闭症的青少年约会时也有一些明确的规则可以遵守。

在你的孩子真正开始约会之前，你应该跟他谈一谈约会和性接触的问题。因为自闭症儿童难以理解抽象的社交概念，所以解释时要尽可能通俗和直接。自闭症青少年可能会对约会和性接触感兴趣，即使他们看起来比实际年龄还小。一位看护人惊奇地看到，她照看的一个 17 岁男孩突然开始亲吻一个同样患有自闭症的女孩，当时她正开车送这两个孩子回家。这个男孩在 6 岁时还不会说话，尽管近几年在语言交流方面取得了显著进步，但他在沟通交流方面仍然感到困难，并且其心智成熟度还没有达到正常发育的 12 岁孩子的水平，更不用说 17 岁的孩子了。尽管如此，他似乎对约会很向往，或者至少对身体接触很有意愿。

社交故事对训练自闭症青少年了解如何约别人出去以及约会时会发生什么很有帮助。他们还可以学习

第六章 性教育、安全和自我照顾

亲密关系不同阶段的肢体表达，如牵手、亲吻、拥抱。他们需要通过社交故事、视频教程或角色扮演等方式，明确地了解他们如何在亲密关系的不同阶段请求肢体接触并给予口头回应。他们同时也需要明白，有时候约会是没有规则的。例如，他们可能没法判断谁愿意或者不愿意接受他们的约会邀请。此外，他们还需要学习如何在约会前了解约会对象。

现在互联网和社交媒体使所有这些问题复杂化了，青少年需要明确的规则来规定什么可以在网上发布什么和什么不能发布（就像发育正常的青少年一样）。谱系障碍青少年往往会遵守规则，但他们可能不理解更复杂和微妙的规则，比如不能发送侮辱、骚扰的电子邮件或帖子。

性虐待

根据梅雷迪思·埃德尔森（Meredyth Edelson）的研究，患有发育障碍（不仅仅是自闭症）的人遭受性虐待的比率是一般人群的两倍。这个事实对发育障碍儿童的父母来说是非常可怕的。自闭症儿童在解释和理解他人的动机、情绪方面相对较弱，这使他们特别容易受到性虐待，也容易被捉弄和欺骗。犯罪者常常以不善表达的儿童为目标，因为他们认为受害者没法告发他们。

重要的是，父母必须意识到，没有语言障碍的孩子也不一定会告诉看护人他们被性骚扰或性虐待了，因为可能孩子不愿意沟通。举个例子，菲利克斯在公园里被一个大男孩抓了他的私处后，心理受到了创伤，但他没有把这件事告诉任何人，因为害怕会惹上麻烦，而且他也不知道如何告诉父母这件事（正常发育的青少年也不愿意告诉父母自己被虐待的事，同样因为担心自己会惹上麻烦）。

我这番话并不是要给父母增加压力，但是我一再建议父母多注意孩子行为的变化，比如攻击性变大、有自残行为或性行为。看护人不应该认为这些行为只是自闭症的表现，它也可能表明孩子受到了虐待。举个例子，在之前的故事中，菲利克斯在被虐待后变得更有攻击性，他也开始使用以前从未使用过的词语，并问别人他是否可以暴露自己的私处或用其触碰别人的身体。他的父母觉得奇怪，再三向他保证说出真相不会有麻烦，他才向父母透露这件事。当父母问他为什么没有第一时间告诉他们时，菲利克斯解释说："第二天赶校车时间紧，来不及说。"菲利克斯的反应表明，许多自闭症儿童，甚至那些在医学术语中被解释为"高功能"的孩子，可能都没有意识到被性虐待时需要及时与家人沟通。此外，自闭症儿童容易从字面上理解问题，所以当父母反复问他发生过什么事，是否有成年人对他做了什么可怕的事情或不适当地触摸他时，菲利克斯回答说没有。他后来解释说，他这么回答是因为碰他的是一个青少年，而不是一个成年人。

父母必须通过社交故事提前让孩子知道，任何形式的非自愿性接触都是错误的。此外，必须让高功能自闭症儿童记住，当他人发出不想发生性接触的信号时，他们应该如何解读这些信号，从而避免他们实施性虐待的行为。

避孕

美国儿科学会（American Academy of Pediatrics）建议，在对有残疾（包括自闭症）的青少年提供日常护理时，应在其中加入有关性教育的谈话。人们通常认为自闭症患者对性不感兴趣或者不太可能发生性行为，但事实并非如此。医生应该像建议其他青少年（所有性别，包括变性人在内）一样，让他们的谱系障碍患者了解避孕措施的选择。如果一些谱系障碍的女性正在服用不同类型的药物或者有个人卫生问题，她们可能需要避孕措施来控制月经。你的医生是咨询这些选择的最佳人选，你可以继续和他讨论孩子的性教育问题。

个人卫生

感官问题和缺少包容的社会会使自闭症儿童很难理解正确的卫生习惯并遵循它。你的孩子在剪头发或指甲时可能会挣扎，而且他的感觉障碍会使他不愿洗澡和理发。虽然其他正常发育的孩子随着年龄的增长会越来越意识到适当的打扮是必要的，但自闭症儿童可能并不总能自己产生这种意识。

与所有和自闭症相关的技能一样，父母可以通过步骤分解的方法来帮助孩子，比如洗澡、刷牙、使用除臭剂、梳头和按时理发；可以在浴室里贴上覆膜的辅助图片和清单，以便孩子记住他们需要做的一切。其他与你孩子一起努力的成年人，包括治疗师、应用行为分析治疗师、教师或其他人，也可以帮助强化孩子的日常习惯。

父母在为孩子购买卫生用品时，要注意美容护理各个方面的感官需求。例如，一些自闭症儿童或青少年不喜欢浓重的香味，可能需要挑选他们喜欢的香味或使用无香味的产品。出于安全和感官方面的考虑，青少年可能需要使用带有安全防护装置的理发用具而不是刀片。父母讲社交故事可以帮助孩子们理解保持适当个人卫生的重要性，他们也可能对视频教程有很好的反应。你可以拍摄某人在早上为一天做准备的情景，并展示每一步，比如在腋下多次涂抹除臭剂，这样你的孩子就能理解准备的步骤。

家长们也可以参考凯利·J. 马勒（Kelly J. Mahler）的一本书，书名是《患有自闭症谱系障碍和相关疾病的青少年儿童的卫生及相关行为：一个关注社会理解的有趣课程》(*Hygiene and Related Behaviors for Children and Adolescents with Autism Spectrum and Related Disorders: A Fun Curriculum with a Focus on Social Understanding*)。这本书分解了与卫生有关的活动，并提供了视频光盘和可打印的表格。这些内容的目的是要让孩子感兴趣，所以教师和相关的专业人员也可以与自闭症儿童青少年一起观看。

月经

对于父母和患有谱系障碍的女孩来说，月经是一个非常困难的问题。虽然月经开始的平均年龄是12岁,但许多女孩开始月经的年龄更小,父母和女儿需要提前为月经带来的变化做好准备。患有自闭症的女孩通常有更多不正常的激素变化,这些问题会使她们的月经期复杂化,导致痛经、月经不规律或痤疮。月经可能使她们更具攻击性或出现更严重的强迫症状,并可能导致癫痫发作频率增加或出现抑郁[1]。父母应监测女儿的变化,并在需要时向医生寻求帮助。

对患有谱系障碍的女孩来说,进行必要的自我护理来应对月经也很困难,而且不得不使用卫生棉条或卫生巾会导致她们出现感官问题。处于经期的自闭症女孩需要外界帮助来记录她们的经期,并预测经期可

---

[1] https://www.scientificamerican.com/article/autism-it-s-different-in-girls/and https://www.epilepsy.com/learn/triggers-seizures/menstruation

能到来的时间。她们还需要外界帮助准备和携带卫生棉条、卫生巾和换洗的衣服。因为卫生巾吸水性更好，对于患有自闭症的女孩来说，卫生巾可能比卫生棉条更容易使用。

将进行自我照顾的步骤分解开来会对她们有所帮助，她们需要反复练习并通过社交故事来强化这一信息。她们可能需要制订时间表，可以在手机或电脑上设置提醒，告知她们何时更换卫生用品。我们的目的是最终让你的女儿自己完成这些任务，尽管在她实现独立自主之前还需要一些帮助。

睡眠

任何年龄的孩子都可能存在睡眠问题。正如第五章所讨论的，睡眠障碍可能是由自闭症患者中常见的健康和心理问题引起或恶化形成的，包括胃肠道紊乱或抑郁、焦虑等问题。一般来说，正在经历转变的孩子往往会表现出更明显的睡眠问题。睡眠不足会加重自闭症的核心症状，包括攻击性、易怒和注意力不集中。通常给儿童与青少年治疗自闭症的药物，包括选择性血清素再摄取抑制剂，也会影响睡眠，所以家长可以和你的医生一起研究这些药物的使用时间，以调节白天的清醒状态和夜间的睡眠质量。

帮助幼儿解决睡眠问题的常规方法也可以帮助青少年。青少年应该设定一个固定的睡觉时间，他们可以按照可视化时间表睡觉。睡前的常规做法包括做一些让孩子感到放松的活动，比如阅读或听音乐。患有自闭症的孩子需要在床外和床上都感到舒适才能睡得好，很多孩子都喜欢用加厚的毯子来安抚他们的感官。睡前一小时关闭电子设备有助于睡眠，将充电中的电子设备（其发出的光会使人难以入眠）放在远离睡眠区域的地方也有助于睡眠。每天锻炼30分钟以上的人更容易入睡，睡前清淡饮食，要避免摄入咖啡因。青少年往往比年幼的孩子更加晚睡晚起，但他们每晚仍然需要大约 9 小时的睡眠。睡得太晚会导致睡眠不足。如果你的孩子有睡眠问题，咨询一下你的医生是否可以服用一种名叫褪黑素的补充剂，它可以帮助人们调节睡眠周期。

运动

事实证明，运动对自闭症患者至关重要。里德·埃利奥特（Reed Elliott）及其同事的研究发现，有氧运动可以减少自闭症患者的刻板行为。其他研究[如西班牙心理学家多明戈·安东尼奥·加西亚·维拉米萨尔（Domingo Antonio García Villamisar）及其同事的研究]表明，一般的休闲项目，包括运动、手工和其他活动，能显著降低年轻自闭症患者的压力水平，提高他们的生活满意度。事实证明，运动可以降低抑郁、减轻多动症和破坏性。运动对认知方面也有好处，比如提高记忆力。充足的运动对调节睡眠也很重要。

每个人都可以从运动中受益，但运动对自闭症儿童与青少年尤为重要。虽然他们可能并不总是有机会参加有组织的体育活动，但他们通常喜欢刺激他们感官系统的活动，比如蹦床或游泳。有些自闭症儿童喜欢不需要高水平社会合作的运动，比如跑步或田径。教练和指导员可能需要分解运动涉及的动作，并根据需要调整这些活动，以找到适合儿童与青少年的技巧运动和剧烈运动。阻力带和健身球可以帮助孩子发展肢体力量和技能。在美国的一些地区，有专门针对自闭症儿童的体能训练师。其中一些教练也接受过应用行为分析的培训，他们在组织体育活动时使用了应用行为分析的许多原则，比如奖励机制、强化训练及具有个性化的元素。

第六章　性教育、安全和自我照顾

虽然许多家长优先考虑其他活动，如语言或行为训练，而不是体育训练，但体育训练可以带来很多好处，在其他方面帮助自闭症儿童。患有自闭症的青少年如果缺乏体育锻炼，会变得更有攻击性，行为失常也会加剧，而体育锻炼可以帮助他们建立健康的成年生活模式。

药物和酒精

过去，人们普遍认为自闭症患者没有药物和酒精障碍。然而，瑞典最近由阿格涅丝卡·巴特维克（Agnieszka Butwicka）及其同事在《自闭症与发育障碍》（Journal of Autism and Developmental Disorders）杂志上发表的一项研究表明，患有自闭症的成年人患药物滥用障碍的风险是其他人的两倍，而患有自闭症谱系障碍和注意力缺陷/多动障碍的人患药物滥用障碍的风险更高。先前的研究样本可能偏向于更严重的自闭症患者,因为智力健全的人并没有包含在样本内。与中度自闭症患者相比,重度自闭症患者的成瘾问题更罕见。华盛顿大学医学院进行的另一项研究发现,有自闭症特征的人(不一定被诊断为自闭症)不太可能酗酒,但如果他们开始喝酒,就更有可能出现酗酒问题。该研究发现,具有自闭症和多动症相关特征的人也更有可能滥用大麻等毒品。作者推测,有自闭症特征的人可能更喜欢独自饮酒,而不是社交饮酒,这种做法可能会增加他们患上酒精成瘾症的风险。

一些自闭症青少年可能会转向吸毒和酗酒的一个原因是为了减轻焦虑,尤其是社交焦虑。此外,许多患者患有强迫症,他们的强迫行为、冲动行为也会驱使他们使用药物和酒精。有些人面临着严重的感官问题,还有一些人吸毒和酗酒,以寻求从社会交往中获得快乐。

第六章　性教育、安全和自我照顾

父母应该意识到，仅仅因为他们的孩子不以典型的方式参加聚会或不与同龄人一起出去玩，不代表他们没有吸毒和酗酒的风险。许多自闭症青少年可能会通过饮酒或吸食大麻来减轻焦虑。如果自闭症患者需要药物或酒精治疗，他们可能无法通过传统的群体治疗排解情绪，并且在这种群体治疗中，他们甚至必须对他人的情绪和态度保持敏感并做出反应。实际上，比起群体治疗，认知行为疗法和个人治疗方法对他们更有效。

值得注意的是，研究人员也是刚刚开始了解自闭症与酒精和药物依赖之间的关系。这一领域的新研究有助于完善、制订针对自闭症患者的预防和治疗计划。你可以通过药物和非药物治疗那些导致酒精和药物成瘾的精神问题，帮助你的孩子远离成瘾物质。如果你还没有这样做，请开始和你的孩子谈论毒品和酒精，即使他离成为青少年还有几年的时间。

压力和感觉管理

家长教年幼或处于青春期的孩子应对压力的技巧是非常关键的,可以帮助他度过青春期的情绪波动,并为他面对成人世界的压力做好准备。在家长的帮助下,孩子可以监测自己身体的压力迹象,如呼吸急促或呼吸微弱、出汗、肌肉紧绷或双手紧握,以及其他迹象,可以提示他进行深呼吸或练习肌肉放松技巧来度过这些反应。有时,自闭症患者可能需要数字来标定他们的情绪状态(例如,1表示冷静,逐渐上升到4,4表示爆发性情绪)。他们能够辨别自己的情绪在情感等级中的位置,并在压力水平达到最高点之前休息一下。

你的孩子也应该知道,如果他因为情绪压力或感官超载而感到不知所措,他可以去哪里。在家里,如

第六章　性教育、安全和自我照顾

果空间允许，你可以利用地下室或其他空间来创造一个安静的区域，并提供有用的感官输入，比如懒人沙发。有的学校设有一个安全区域，比如护士办公室的一角，孩子们可以去那里减压。如果这种类型的区域不存在，请家长与孩子学校的行政部门讨论创建一个。

已有事实证明正念能有效地减轻压力和焦虑，并能带来更好的睡眠和生活质量（正念在帮助自闭症儿童的父母控制压力方面也很重要，更多信息见第八章）。通过长期的练习，正念使人对自己压力的即时情绪反应保持一定的距离和视角，并对自己的反应有一定的控制。研究表明，长期练习正念技巧有助于减少杏仁核（大脑中处理情绪的部分）与大脑其他部分之间的联系。这减少了杏仁核的过度反应倾向。教授正念技巧的方法和教授其他行为的方法是一样的——每一步都要分解，并在孩子平静和愿意接受的时候慢慢练习。

一种可能有用的正念形式（但还没有经过实证检验）涉及利用自闭症患者中很常见的联觉。联觉是一种感觉自动与另一种感觉相联系的状态。一种常见的联觉形式是字母和数字与特定的颜色相关联。例如，有联觉的人可能认为"2"或"B"是粉红色的。可以教导有联觉（或者只是将颜色和情绪联系起来）的青少年把情绪和情感看作颜色。例如，他们如果把红色和愤怒联系在一起，就可以学会"呼出"红色（转换一下，想象愤怒的红云从他们的嘴里散出），并吸入一种与和平和安宁有关的颜色，如蓝色或紫色。使用基于联觉的方法可以帮助他们理解在练习正念技巧时如何呼出愤怒和压力，以及如何吸入平静和放松。

饮食和感官问题

随着自闭症儿童进入青春期，他们的体重可能会

第六章　性教育、安全和自我照顾

大幅增加，并养成不健康的饮食习惯。一方面因为他们没有掌握科学的锻炼方法，另一方面一些治疗自闭症的药物可能会导致体重增加。此外，感官问题和对食物的偏好也会使他们很难达到饮食均衡。而且，如前所述，行为奖励系统为了达到目标也允许孩子吃很多垃圾食品。体重增加会让孩子更加焦虑，睡眠更糟糕，还会引发未来的健康问题。

营养师、行为治疗师和专业治疗师可以帮助学龄前儿童与青少年养成更好的饮食习惯。专家建议，有饮食问题的自闭症儿童可以从多学科的团队治疗中受益，帮助他们养成更健康的饮食习惯，解决他们的感官问题（此外，如果孩子有应用行为分析治疗师帮助康复，可以与其沟通，用投篮或跳蹦床之类的活动来奖励孩子，而不是垃圾食品）。专业治疗师可以帮助你找出孩子的饮食问题，并通过给孩子介绍可能喜欢的更健康的食物来扩大他的饮食范围。例如，虽然你的孩子不喜欢一些水果的黏稠感,但也许他愿意尝一尝水果冰沙,或试一试水果酸奶沙拉。患有自闭症的儿童与青少年一般不习惯改变,你可以每次只改变一种食物,找出孩子愿意吃的东西,让他的饮食更加健康及多样化。

"自闭症与烹饪"(Cooking With Autism, https://www.cooking withautism.com)是一个很棒的资源网站,可以教孩子学习如何烹饪。该网站为患有自闭症和阿斯伯格综合征的人提供量身定制的烹饪课程,并出版了一本名为《厨房教练》(*Coach in the Kitchen*)的书,其中的食谱经过测试,适用于有技巧运动与剧烈运动问题、食物敏感问题、感官问题和需要多步骤指导的厨师。

第六章 性教育、安全和自我照顾

自闭症患者的饮食失调

过去15年的研究表明,饮食失调和自闭症存在联系。伊丽莎白·温茨(Elisabet Wentz)及其同事在研究中发现,患有饮食失调的女性中有23%患有自闭症谱系障碍。事实上,因为许多患有阿斯伯格综合征(过去在医学文献中被称为高功能自闭症,在大众中仍被广泛使用)的女孩并没有被诊断为自闭症(部分原因可能是大家对自闭症在女孩和妇女身上表现出来的症状有所误解),她们常常一开始被转介到精神科进行饮食失调的治疗。因此,一些专家将饮食失调称为"女性阿斯伯格症"[②]。

---

② https://spectrumnews.org/features/deep-dive/the-invisible-link-betweenautism-and-anorexia

自闭症患者和厌食症患者通常有相似的认知特征。例如，厌食症患者也可能出现与他人交往的障碍，并表现出非常刻板的行为。他们喜欢抓小放大，死抠细节，无法着眼全局。此外，他们并没有意识到自己不正常的饮食模式对他人产生了影响，或者说他们对此并不敏感。

患有饮食失调的自闭症女孩很难接受治疗，因为目前没有多少临床医生在这两个领域都接受过培训。此外，饮食失调或强迫性运动可能是身体试图抑制焦虑并希望在混乱的世界中创造秩序的一种手段。从这个意义上说，饮食失调虽然对身体有害，但可能对患有自闭症的女孩有帮助（男孩和成年男性也可能出现饮食失调、运动障碍）。谱系障碍患者不一定能适应治疗饮食失调的群体治疗，他们可能需要更个性化的方案。此外，自闭症患者对日常生活中形成的规则感会使他们排斥为应对他们的饮食问题而做出的干预，因为这些干预会改变他们的日常生活和既定做法，而对饮食问题的干预也会因为他们感官的敏感性而变得复杂起来。如果孩子出现饮食问题，父母不要惊慌，这个问题在自闭症患者中很常见。

为人父母

父母试图教孩子有关约会和自我照顾的技能时，孩子感到害怕甚至有抵触情绪都很正常。在最好的情况下，你的孩子能遵守网上分享的重要规则就好，即使他不遵守其他不那么重要的规则也没关系，比如使用除臭剂或定期洗澡，导致他在别人面前散发出难闻的气味并不是什么大事。在孩子学会整理自己的仪容仪表之前，带他出门可能会让你觉得尴尬。在最坏的情况下，你的孩子可能会使自己陷入涉及某些方面的误解，引发法律、医疗或其他方面的难题，而要解决这些问题很复杂。

与同龄人相比，你的孩子可能需要更多时间来学习一些必要的技能，以养成更好的个人卫生和健康习惯，并对约会做出正确的决定。在学习的每一步，父母都可以给孩子讲述类似的社交故事，并且相信自闭症青少年通过学习是可以做到的。父母希望自己的孩子不要长大，或者因为他照顾自己的能力提升缓慢而沮丧，这都是很自然的，但帮助他在这些领域获得更大的独立性更加重要。

养育策略

○ 家长要意识到，虽然孩子可能不如他的实际年龄成熟，但他仍然会对约会和性接触感兴趣，需要在这些方面进行明确的教育以确保安全。

○ 要意识到你的孩子容易受到性虐待，注意观察

第六章 性教育、安全和自我照顾

他是否有任何暗示可能遭受了虐待的行为变化。

○ 家长和专业人士可以帮助孩子培养与约会和整理仪表相关的技能，就像训练学习其他技能一样——把它们分解成步骤，使用视觉辅助工具，并引导他们反重复训练。

○ 制订检查清单和视觉辅助工具，帮助孩子在自我照顾和整理仪表方面走向独立。把这些清单贴在浴室里，这样孩子就可以自己照着去做。

○ 在孩子睡觉前至少一个小时关掉电子设备，并为孩子准备少量饮食帮助他入眠。你也可以和医生谈谈孩子的服药时间和服用褪黑素补充剂的时间。

○ 帮助孩子培养适合且有助减压的运动习惯和正念习惯。

○ 咨询营养师、专业治疗师和行为治疗师，慢慢地将孩子的饮食习惯转变为更健康且适应其感官需求的饮食模式。

AUTISM AND YOUR TEEN

第七章

自闭症患者的成年世界

希梅纳（Jimena）是一个很有竞争力的求职者。她毕业于生物化学专业，学历光鲜，且具有诚实、正直、守时和忠诚等优秀的个人品质。然而，她在面试时却多次遭到拒绝，因为她发现在面试官的询问下很难谈论自己的资历和技能。

当诺亚（Noah）上高三时，辅导员建议他报名参加当地社区大学的双学分项目，那里有一个针对自闭症学生的项目。如果入选，他就可以继续从他所在的高中获得心理咨询和生活技能等服务，同时一只脚踏入大学的门槛，变得更加独立。

比尔（Bill）在 17 岁时开始思考自己的目标。他很喜欢参观当地的温室，并且已经把温室里的每种花和树都进行了分类。他参加了个性化教育计划，这帮助他在温室谋得一份实习工作，同时他也制订了次年的目标，包括购物、洗衣服以及学习开车。

关于成年期自闭症谱系障碍的最新研究

近年来，人们加快了对自闭症的研究，第一批自童年时代就被追踪的自闭症谱系障碍患者现在已经步入成年。通过这些纵向研究，我们更清楚地认识到自闭症如何影响人的一生。例如，第二章中引用了英格－玛丽·埃格斯蒂在 2016 年进行的一项研究。该研究发现，许多小时候被诊断为患有自闭症谱系障碍的年轻人不再符合诊断标准。但一些人仍表现出较轻症状，如社交沟通障碍、注意力不集中，或存在注意力缺陷/多动障碍。换句话说，随着自闭症患者年龄的增长，其核心症状会有所改善。本章主要介绍关于青少年自闭症患者以及他们的父母和看护人如何引导他们顺利过渡到成年期的最新研究和策略。

范德比尔特大学的朱莉·劳兹·泰勒（Julie Lounds Taylor）教授和德雷塞尔大学的保罗·沙特克对自闭症患者向成年期的过渡进行了前沿研究。沙特克记录了所谓的"悬崖"，即年轻人高中毕业后便一落千丈，因为他们几乎没有获得医疗、心理健康方面的服务。研究人员认为，社会不应该只是让自闭症患者看起来像正常人，而应该为年轻自闭症患者提供工作、住房和其他方面的支持。有数据显示，若这些年轻自闭症患者获得工作机会，他们可以做出自己的贡献。因此，社会应该给予支持。

通过最近这些研究，我们了解到自闭症如何随着患者年龄的增长继续影响他们的生活。此外，通

第七章 自闭症患者的成年世界

过长期追踪自闭症患者,特别是那些从小就接受通过实验验证有效的治疗并从中受益的自闭症患者,对他们进行纵向研究,这一研究领域才开始有所突破。

成年早期也可能会出现病情好转,因为大脑前额皮质区域的认知发展有助于抑制多动症的某些症状,如多动、冲动和注意力不集中。由于许多自闭症障碍患者也患有多动症,随着年龄的增长,他们在面对需要注意力、组织力、灵活性和计划性的任务时,症状会有所改善。他们的情绪会变得逐渐稳定,攻击性反应也会减弱。他们还可能会表现出更强的逻辑性和情绪自制力。

然而,对于许多患有高功能自闭症的年轻人来说,他们看似正常的外表下其实隐藏着一些障碍和自闭症状,而且他们仍然可以采用补偿策略。在2002年出版的《海蓝宝石:自闭症大学生的个人故事》(*Aquamarine Blue: Personal Stories of College Students with Autism*)一书中,作者道恩·普林斯-休斯(Dawn Prince-Hughes)深入分析了患有高功能自闭症(或以前被称为阿斯伯格综合征)的年轻人在大学里的生活。例如,其中一位学生谈及自己由于感官问题,每次只能吃一种食物;学校行政部门诊断她为厌食症,因此她差点被送去住院治疗。学校发现她的实际情况后,便允许她在其他学生就餐之前进入餐厅吃饭,以避免噪声和视觉干扰。另一名学生写道,为了融入成人的世界,他被迫放弃那些给他带来安慰的"刻板行为"。

因此,尽管自闭症症状在成年后可能会减轻,但患有自闭症的年轻人仍会有感官失调、社交障碍和情绪不稳定的问题,当然他们也会随着时间的推移学会一些应对策略。例如,他们可能已经学会了如何向教授提问,以及如何与雇主沟通,被允许居家办公来避开办公室的噪声和灯光。他们也可以从事技能领域的工作,如计算机、科学、写作、数学、绘画、设计等。这些都能吸引他们的注意力,发挥他们的优势。

过渡计划

根据美国联邦法律(《残疾人教育法》,*Individuals With Disabilities Education Act*,IDEA),学校必须为自闭症学生制订过渡计划,让他们从16岁开始向大学、职场以及独立生活过渡。美国一些州规定,过渡应从14岁开始,这样家长和学生会有更多的准备时间。这份过渡计划必须纳入学生个性化教育计划中,且必须基于孩子的需求和优势来制订。过渡计划中不仅包括学术指导,还包括相关服务、社区体验,以及与就业、大学和功能性日常生活技能相关的目标。

随着孩子逐渐长大，引导他参与自己的个性化教育计划制订，将使其获益良多，尤其在中学与未来生活的过渡问题上更是如此。如果孩子可以参与自身目标的设定，然后独立写下目标，将有助于他驾驭自己的未来，并为实现目标而加倍努力。

寻找大学项目

患有自闭症的学生也可以选择不同类型的大学课程。有些学生就读于普通大学，并接受特殊帮助，包括满足其学业和社交需求的辅导或指导。他们可以决定自己需要何种帮助，同时还可以享用校园资源，例如教育学家、治疗师、写作中心或主题导师。在这些类型的项目中，没有针对自闭症学生的正式项目，学生必须能够自如地提出自己的需求，并与

第七章 自闭症患者的成年世界

教授、教育专家、导师和其他人会面，寻求自己所需的帮助。

在混合模式中，自闭症学生和普通学生一起上课，但也可以参加一些有助于他们掌握技能和向大学过渡的课程。在另一种模式中，患有自闭症的学生（或者可能有不同残疾的学生）一起上课，他们通过参加校园活动与其他学生进行互动。

社区大学也为自闭症学生提供了一些很好的补充项目，"自闭症和智力残疾社区大学联盟"（Community College Consortium for Autism and Intellectual Disabilities）就是提供此类项目的组织之一。这些项目会有接受过如何与自闭症大学生相处培训的教授加入，也会给自闭症大学生提供就业培训和社交项目。因为许多患有自闭症的年轻人无法进入新的校园，也无法自己建立社交关系，所以为他们参加社交活动提供便利非常重要。

当孩子离开学校（或年满 21 岁）时，《残疾人教育法》提供的服务就不能使用了,但是双学分项目允许青少年在上大学的同时仍然获得《残疾人教育法》资助的服务。当学生过渡到大学时,他有权利根据美国《康复法》(*Rehabilitation Act*)第504条请求学校安排针对性调整。这意味着学生必须向学院提交残疾证和个性化调整需求,然后提出申请并和学校共同落实适应方案。

家长与孩子以及高中教育咨询顾问一起帮孩子寻找适合孩子的大学时,请考虑以下类型的问题:

▶ 孩子在寻求帮助和针对性调整时是否毫无阻碍?

▶ 孩子在学业上需要哪些帮助?这不仅需要考虑课堂使用的材料,还要考虑参加考试、撰写论文、制作时间安排表和与教授面谈等问题。

▶孩子需要多少社交方面的支持？他可以自己交朋友还是需要参加有组织的社交活动？

▶大学的心理咨询服务怎么样？我的孩子会使用这些服务吗？

▶是否有专门的课程或项目可以帮助孩子适应大学生活？是否可以帮他选择合适的课程？

▶有没有课程或项目可以帮孩子做好就业准备，或提供实习机会？

如果你觉得孩子的生活仍然需要你悉心照料，但又有能力处理大学的学业（且你能找到接纳他的学校），我建议你让孩子上离家远一点且能提供各项支持的大学。许多父母希望孩子上大学后继续住在家里，或替他们完成大部分的课堂作业并为他们打理事务，成为孩子上大学的得力助手。我曾遇到一位父亲，他甚至帮自己儿子写论文，最终导致他儿子未能进入大学高年级学习。让孩子上大学后住家里对家长和孩子来说都不是一个健康的状态。想想那些大学生，就算不住家里都拖拖拉拉。住在家里除了会阻碍孩子的情感发育和学业成长之外，还会让你深受熬夜写论文的痛苦；从道德上来讲，这也是不诚实的行为。"大学思考"网站（Think College, https://thinkcollege.net）可以帮助你找到适合有智力残疾的孩子的选择。

不要强迫孩子就读名气更大的学校，也不要选择对学生缺乏关照的学校，而是在孩子高中最后一年评估一下他的状况。例如，考虑孩子是否可以独立完成以下事情：

▶ 与老师交谈。

▶ 做必要的调整,比如休息或延长考试时间。

▶ 写论文。

▶ 在课堂上做笔记。

▶ 预约医生。

▶ 起床。

▶ 结交朋友,建立社交关系。

此外,还需评估孩子的生活技能,包括以下内容:

▶ 制订预算,按照预算执行支出,以及有消费行为。

▶ 能够安全地搭乘公共交通工具和在街上步行。安全行走需要行人具备成熟的心智能力(理解他人观点的能力),因为他必须评估司机是否会停下来让他通过，有时还需要与司机进行眼神交流才能做出判断。

▶ 会洗衣服，着装得当，保持良好的个人卫生。

▶ 能做一些简单的饭菜。

如果你的孩子不能自己完成这些事情，那么他在普通学校取得成功的机会就很渺茫。许多父母在孩子上高中时尽其所能为孩子代劳，不仅帮他写作业，就连他作为学生最重要的工作都越俎代庖了，如向老师提问、摸索学习方法、寻求最佳学习路径。这完全可以理解，因为父母都希望孩子成功。但当孩子上了大学，失去了父母的帮助，面临被迫休学或辍学时，他就会不知所措，对自己更没有信心。所以，最好在一开始就寻求更多支持，比如让孩子就读为自闭症学生设立的社区大学，或为他们提供帮助的其他项目，让训练有素的专业人士给孩子辅导,为孩子在两年内进入限制更少的大学或进入职场做好充分准备。

在第三章中,我提到了保罗·沙特克及其同事的研究。他们发现,自闭症学生走向独立必须具备两项关键技能:身份认同和自我效能感。所有的年轻人都会经历身份认同的过程,这是一个基于种族、性别、民族背景以及接受自己残疾人身份来发展和完善自我认同的过程。自我效能感是一种相信自己能在所做的事情上取得成功的信念。只有同时具备这两项技能,学生才能自信。他必须知道他需要什么,必须相信自己能够成功。学生没有必要把自闭症视为一种残疾。如果一个学生在上大学时还没有掌握这些技能,那么他就必须参加能够帮助他培养这些技能的课程。

找工作

非营利组织如雨后春笋般涌现在许多社区，它们帮助患有自闭症的年轻人掌握找工作所需的"软技能"。此外，像微软等一些开明的公司已经改变了对潜在雇员的面试过程，这样面试官就可以通过观察求职者的工作状态来评估候选人，求职者也不必被面试官盘问。对于评估大多数候选人来说，这种方法可能更为可靠，它可以让谱系障碍患者避免潜在的面试困境。马萨诸塞州等州的发展服务部（Department of Developmental Services）会给自闭症患者进行工作培训（该部门以前只向低智商人群提供此类服务）。

当自闭症患者找到工作时，他们身上往往具备成为优秀员工的品质，包括忠诚、守时和诚实。成功入职后，他们也需要非常具体的工作培训，经理可能需要帮他们把复杂的指令进行分解，使之清晰明确。尽管成年的自闭症患者就业率仍不及应有的水平，但雇主对雇佣和保留自闭症员工的兴趣越来越大。我们期待随着越来越多的自闭症儿童长大成人，对他们就业和职业培训而开发的项目在未来几年会越来越多。

法定监护

若父母需继续为年满18岁的子女做出医疗保健和财务决定，则要成为其年轻成年子女的法定监护人。第一步通常是咨询律师关于建立遗嘱（或信托）的事项，其中包括为孩子提供特殊需要的信托，它不仅可以保障孩子获得政府福利，如"社会安全生活补助"（Supplemental Security Income，SSI）和医疗补助，还可以确保继承资产的管理,并确保对孩子给予照顾。特殊需要信托基金允许你在政府福利之外为你的孩子预留一笔钱。律师会告诉你接下来的步骤,这通常包括在法官面前举行法律听证会。

设立法定监护人的一个好处是,在美国的大多数州,人们认为18岁以上的成年人能够做出自己的医疗保障决定。例如,许多州如果年满18岁的孩子在没有法定监护人的情况下被送进医院,父母就不能为他做出医疗决定(尽管有些州的医疗保健规定允许父母在不经过法定监护程序的情况下替孩子做出决定)。

如果你的孩子有法定监护人,他仍然可以结婚。他是否拥有投票权是由州法律决定的,但在一些州,被认定为"无能"的人不能投票。如果他有法定监护人,他就可以拥有投票权了。孩子必须通过笔试和驾驶考试来证明自己有驾驶能力,但拥有法定监护人并不意味着孩子不能获得驾照。成为孩子的法定监护人可能过程漫长，所以家长需要尽可能在孩子18岁之前咨询律师。

为人父母

我们很难评估和预测孩子高中毕业后的下一步打算。为年轻自闭症患者提供的服务在其高中毕业后就会减少，所以最好在孩子高中毕业前就开始为这种转变做好规划，这一点至关重要。家长要和孩子的老师一同努力，现实看待孩子的目标，并帮助他走向独立，走向成年。

很难想象孩子能够独自生活，也很难相信他没有你的资助有能力这样做。但是，你和孩子可以做出一些选择，让他更加自信地进入成年生活，比如参与一个为自闭症学生提供帮助的大学项目或寄宿项目，帮助年轻人学习独立生活所需的社交和实践技能。为孩子独立生活做准备的过程不仅漫长，还需要深思熟虑，也可能会给你和家庭带来巨大的经济压力。然而，如果孩子和值得信任的专业人士（如教师、治疗师，可能还有律师，他们可以指导你）一起参与进来，这个漫长的过程就不会那么令人困惑和痛苦了。

养育策略

○ 尽可能让孩子参与制订个性化教育计划中的过渡阶段目标。如此一来，他们会感到自己与目标息息相关，从而为实现目标而更加努力。

○ 当决定你的孩子在大学里需要什么程度的帮助时，评估一下孩子能否提出自己的需求。如果不能，你的孩子就不太可能在自由度较高的大学项目中取得成功。

第七章 自闭症患者的成年世界

○ 在资源允许的情况下，考虑让年轻人离开家，到一个有组织或基于社区的项目中生活，这可以帮助他做好大学生活准备或培养独立生活的技能。

○ 考虑让已成年的孩子参加双学分招生项目，这样孩子就可以在开始大学课程学习的同时继续得到高中阶段提供的服务。

AUTISM AND YOUR TEEN
第八章

自闭症谱系青少年父母的自我修养

特里妮蒂（Trinity）发现在她任教的学校里照看孩子很困难。她的儿子在两岁时被诊断出患有自闭症，他一直在努力克服攻击性行为和学习说话。当特里妮蒂在她任教的学校里看到那些能说会道、欢声笑语的孩子时，她忍不住希望自己儿子的生活能有所不同。儿子刚出生时，她对他未来的生活寄予了希望，和现在大不相同，于是她向一位牧师倾诉以排解内心的失落感。

当丽兹（Liz）的儿子第一次被诊断出患有高功能自闭症时，她参加了父母互助小组，但因为单亲妈妈的身份，她不太愿意和别人分享自己的故事，也不觉得自己和其他自闭症患者的父母有什么共同之处。后来，她向一位心理医生求助，费用由她的保险支付。她很乐意和这位医生谈论她的家庭和儿子的问题。

杰克（Jack）对儿子贾斯帕（Jasper）很生气，因为他扰乱了家庭聚餐，还拒绝做家庭作业。杰克报名参加了一个育儿正念课程，找到了练习同理心和与儿子一起享受当下的方法。虽然有时杰克还是会被激怒，然后不得不离开一会儿，但他发现，总的来说，他变得更平静了，也能更好地关注儿子和自己的需求。

照顾自闭症儿童：应对策略

本章主要介绍一些实用技能和心理策略，帮助父母在孩子从青春期到成年期及以后的成长过程中关注和照顾自己。虽然帮助自闭症家庭的项目主要针对儿童，但父母也需要获得支持，这样他们才能以最好的状态帮助孩子，并保证自己身心健康。虽然家长经常在照顾孩子、家庭时忽略了自己的需求和幸福，但他们不应该这样做，因为父母的幸福关乎孩子和家庭的幸福。

这是本书的最后一章，但绝非不重要的内容。家长的健康状况会直接影响照顾孩子的能力，因此保持身心健康以及与社会的联系对帮助孩子至关重要。但是，这话说起来容易做起来难，因为我们的社会并不总是把照顾和支持有残疾儿童的家庭放在首位。美国一些州提供了更多的照顾和服务（见第五章），而全国普遍缺乏临时护理服务，这也影响了自闭症儿童的父母和看护人。社会缺乏对努力抚养自闭症儿童的家庭的支持，这对想要获得外部支持的父母来说并非易事。如果你感到沮丧，也是人之常情。对自闭症患者和他们的家庭来说，实际的或情感上的支持并不

第八章 自闭症谱系青少年父母的自我修养

多,而抚养自闭症儿童的成本可能是另一个复杂的因素。许多比较进步的国家(地区)可能会给自闭症患者提供政府服务,如应用行为分析等,但其中大部分必须由父母自己承担费用。此外,有些父母自己即将退休,或者家里还有年迈的祖父母或其他亲属需要照顾,在这种情况下,他们也必须承担照顾自闭症成年子女的费用。

赖伟伟(Weiwei Lai)及其同事发表在《自闭症与发育障碍评论杂志》(*Review Journal of Autism and Developmental Disorders*)上的研究表明,照顾残疾儿童所带来的慢性压力会影响看护人的身心健康。对养育自闭症孩子的父母来说,这并不稀奇。照顾残疾儿童可能导致家庭关系破裂和被社会孤立。如果某个孩子表现出攻击性或破坏性行为,后果尤为严重,而将他隔离起来似乎是保证其他人安全的唯一方案。但是不幸而又讽刺的是,看护人和父母需要的是更多的支持，而隔离却是阻断支持，这对帮助他们的孩子来说适得其反。

此外，父母可能会哀叹他们失去了传统的父母角色和活动，这也是可以理解的。当你看着孩子的兄弟姐妹、堂兄弟姐妹或邻居家的孩子经历诸如生日派对和毕业典礼等重要仪式，而知道自己的孩子无法以同样的方式经历这些仪式时，你一定痛心不已。孩子缺失的经历会让父母长时间郁郁寡欢。

父母对抚养自闭症儿童产生的压力应对方式各异，这部分取决于他们的文化背景和社会资源。例如，之前提到的赖伟伟研究发现，亚洲父母可能倾向于集体应对，而欧洲父母则更愿意个人应对。了解自身的文化背景和家庭观对于找到正确的应对机制和帮助至关重要。

对自闭症儿童的看护人及其父母的应对研究发现，社会支持有利于缓解他们的压力。其他有用的策

第八章 自闭症谱系青少年父母的自我修养

略包括家庭融合、合作、乐观、保持自尊和心理稳定,以及寻求专业人士的帮助。在文献综述中,赖伟伟和其他研究人员发现,他们所谓的"以情绪为中心"的应对方式,包括否认、一厢情愿和脱离(比如通过上班来寻求解脱),会导致父母和看护人的抑郁、压力和焦虑程度较高。而当父母和看护人积极应对或寻求解决方案,如做计划、寻求社会支持和认知重构时,他们的抑郁、压力和焦虑程度则较低。

认知重构是一种从认知行为疗法中借鉴而来的技术,可能会非常有用。它的意思是即使你不能改变事件本身,你也可以改变看待事件的方式。这在许多方面都适用,看待事件的观点比事件本身更重要。

你试着考虑以下场景:路易莎(Louisa)收集小摆设已有许多年了,这些小摆设都来自她的生日和节日礼物。小摆设越积越多,已经将她房子有限的空间塞得乱七八糟了。她的儿子杰米(Jamie)在12岁时开始变得具有攻击性，打碎了她的几件珍贵物品，她不得不把其他的东西收起来，其中有一些她决定作为礼物送人。以下是她看待这种情况的两种方式：

> ▶她因失去心爱的小摆设而忧伤，每天看着空空的架子郁郁寡欢。
>
> ▶她意识到自己不应该如此依恋那些礼物，她相信她的客厅没有这些凌乱的小摆件看起来会更整洁。

虽然路易莎在这两种情况下都面临着同样的情况，但她对此却可以有两种不同的理解，这种认知的重新构建对自闭症患者的父母和看护人大有裨益。另一方面，父母难免将自己的孩子与正常发育的孩子进行比较，总是在假设孩子正常发育会怎样，但这种一厢情愿的想法及假设可能会导致抑郁和压力增加。

第八章　自闭症谱系青少年父母的自我修养

寻求帮助

对于自闭症儿童的父母来说，寻求帮助有益但不容易。一些父母愿意从孩子的老师和专业人士那里寻求支持，而另一些家长则更愿意从社区或自闭症网络支持团体那里寻求帮助。

不管哪种方式，有用的就是最好的。当你和孩子面临危机时，亲戚和朋友很可能会想当然地告诉你应该以某些方式获得帮助，尽管他们是出于好意。但是，寻求帮助和情感支持的方式取决于你，必须是你自己觉得合适的方式。为给自闭症患者及其看护人提供帮助，"自闭症之声"在网站上列出了各个州的支持组织名单。同时，他们还为希望将不同信仰人士纳入其支持网络的支持组织提供资源（更多信息见附录）。

你的社区

对于自闭症儿童的父母而言,接到儿童保护服务(Child Protective Services,CPS)机构的电话并不罕见。但是除去实际存在虐待行为的情况以外,这是对儿童保护服务的滥用,显示出对儿童及青少年自闭症患者的误解。很多他人分享的经历都可以看出,大多数儿童保护中心和机构的工作人员都没有接受过自闭症相关知识的培训,他们也无法辨别举报的反常行为是自闭症的正常表现还是确实存在虐待现象。只要自闭症儿童在公共场合离开了监护人或看护人的视线,或者在公共场合情绪失控,邻居或其他人就会给这些服务机构打电话。

你可以把孩子的情况和他的需求告知邻居或者当地警察,也可以把孩子的一些诊疗记录随身携带,如

第八章 自闭症谱系青少年父母的自我修养

诊断单、医嘱和药物记录,遇到投诉时这些准备能帮到你。如果警察或儿童保护服务机构人员被叫来,你就可以迅速结案,且不受惩罚。如果你的孩子能够独自出门,让他随身携带一张关于他的自闭症信息卡片。虽然警察和社会机构对自闭症缺乏充分的了解,但这种情况正在逐渐好转。一些警察部门甚至制订了应对自闭症情况的政策,整个社会对自闭症这种疾病的认识也在不断提高(特别是现在电视节目和电影中,甚至动画节目《芝麻街》也设定了自闭症患者的角色)。

你想要将自己和家人与社区成员隔离开来可以理解,但这么做也就把可能得到的帮助拒之门外了。如果邻居知道你孩子的情况,他们也会表示同情并帮助你。随着自闭症发病率的迅速上升,许多人可能都会有患自闭症的朋友或亲戚,他们可以帮助你(比如帮你跑跑腿或陪你们一起参与社区活动)或理解你。

越来越多的社区组织也为自闭症患者和他们的看护人提供帮助并调整开放时间。例如,查克芝士餐厅(Chuck E. Cheese)的一些门店在刚推出活动的时候,承诺每个月的第一个周日都会举办"感官敏感星期天"活动,这样对自闭症儿童的感官体验就更友好了(他们也会提前开门,这样空间就不那么拥挤)。许多蹦床游乐区还提供专门向自闭症儿童和他们的父母开放的服务。一些宗教场所也提供对感官敏感者的服务。

正念育儿

伊丽莎白·戴肯思(Elisabeth Dykens)及其同事的研究表明,基于积极心理学和正念训练的项目可以帮助残疾儿童的父母减轻压力、抑郁和焦虑,提高他们的生活满意度和睡眠质量。此外,正念养育策略已

第八章 自闭症谱系青少年父母的自我修养

被证明对患有注意力缺陷/多动障碍和对立违抗性障碍（oppositional defiant disorder，ODD）儿童的母亲有效。这些结果可能同样适用于孩子的父亲和其他看护人。正如研究多动症儿童的作者所指出的那样，有破坏性行为孩子的父母通常会把注意力集中在这些破坏性行为上，并经常以冲动的方式回应他们的孩子。这种方式被称为"过度反应"。

正念育儿技巧将正念原则和活在当下的原则应用到与孩子的互动中。参与者运用该方法时既要关注自己的想法和感受，同时也要活在当下。其基本理念是让父母在与孩子互动时保持不评判不干涉，减少过度反应。此外，还鼓励父母每天冥想，以减轻自己的压力，创造家庭和谐。这种训练通常鼓励父母从关注自己身体和呼吸的感觉开始，然后发展到自己对孩子反应过度的心理反思，以及建立亲子互动。孩子也可以通过正念来锻炼自己的自控能力，这类课程通常由认知行为治疗师来教授。

学习正念育儿法并不容易,但通过练习,父母可以试着在充分关注孩子的同时倾听他们的声音,抱有同理心,并且毫无偏见地接受现实以及孩子的现状。如前所述,正念训练可以帮助人们减少杏仁核和大脑其他区域之间的联系,这样人们遇事情绪会更平稳,自我调节能力也更强。这种减压方法来自自闭症支持组织,它对于那些花费大量时间照顾自闭症儿童的父母来说非常重要。

培养自闭症儿童和家长的优势

积极心理学强化健康和幸福的概念,弱化功能障碍,事实证明这种方法可以有效降低自闭症儿童父母的压力。积极心理学由马丁·塞利格曼(Martin Seligman)创立,它注重全面发展,而不仅仅是治疗

第八章 自闭症谱系青少年父母的自我修养

精神障碍。它还帮助人们培养关爱、同理心、创造力和正直。

积极心理学可以为自闭症年轻患者及其父母提供策略,让他们摆脱消极情绪,欣赏自身优势。与其把注意力集中在残疾的"缺陷"上——自闭症是一种全面的残疾,缺乏一些基本的技能和优势——不如学习利用积极心理学的方法,帮助自己和自闭症患者看到他们自身及人际关系的优势。这些优势可以通过个人和他周围环境之间的良好配合来培养,包括家庭、学校和社区。研究表明,在包容的环境下,以及在社区的积极互动中,自闭症儿童可以顺利成长。在未来的岁月里,我们不仅要继续完善自己的知识,了解如何在个人层面上帮助自闭症儿童及其家庭,而且还需要建立社区支持,例如提供将自闭症青少年与正常发育的同龄人相匹配的项目,以帮助自闭症儿童、青少年和成年人健康成长。由于自闭症患者有可能在某些领域具有明显的优势和才能，如果不加以系统引导，不仅对他们和他们的家人是损失，对他们的社区也将是一种损失。

家长的自我照顾策略

○ 记住，你不是超人。抚养自闭症谱系孩子可能会带给父母沉重的压力、抑郁和焦虑，但不要拒绝别人的帮助。

○ 尝试积极的应对策略，如认知重构、寻求帮助和制订计划。

○ 与社区成员联系，并在社区中寻找对自闭症友好的资源，以减轻压力，寻求更多的不同形式的帮助。

○ 在资源允许和你能接受的前提下，考虑获得一些个性化的帮助，如进行心理治疗或加入一个支持小组。

○ 正念育儿技巧可以帮助你接纳自己，为自己减压，也帮助你包容孩子，给孩子减压。

○ 记住，你应该得到帮助和支持，就像你的孩子需要的一样！

出 品 人：许　永
出版统筹：林园林
责任编辑：许宗华
封面设计：墨　非
内文设计：万　雪
印制总监：蒋　波
发行总监：田峰峥

发　　行：北京创美汇品图书有限公司
发行热线：010-59799930
投稿信箱：cmsdbj@163.com